IL CONSULENTE FINANZIARIO

PERFETTO!

L'importanza del rapporto consulente/cliente,
della comunicazione
&
della pianificazione finanziaria
in un piano di investimenti.

INDICE

INTRODUZIONE

Questo libro è stata la mia tesi di laurea in Econmia Finanziaria.

Nasce dall'esperienza che ho avuto nel settore bancario come dipendente, e in quello della Consulenza Finanziaria come Promotore Finanziario, per 16 anni.

Rispetto al passato, oggi la vendita dei servizi bancari, sia per gli Istituti di Credito tradizionali che per le Banche di Investimento specializzate in consulenza finanziaria, richiede maggiore professionalità e maggiore attenzione al cliente.

Quando mi hanno assunto in una banca tradizionale negli anni 90, ai dipendenti veniva data una leggera infarinatura sui prodotti finanziari da proporre alla clientela e non veniva richiesta una consulenza personalizzata per il cliente, se non ai dipendenti dell'ufficio private.

Nel 2001, dopo avere sostenuto l'esame di stato come promotore finanziario, sono passata a lavorare per una banca di investimenti, e li, assistita per 6 mesi da un tutor, ho imparato un metodo di approccio alla clientela e cosa significasse fare consulenza.

Ho successivamente collaborato con altri istituti di credito, meno attenti alla formazione dei propri consulenti, e mi sono accorta di quanto invece delle buone basi commerciali e tecniche facessero la differenza nell' affrontare varie tipologie di clientela e le problematiche causate dei mercati turbolenti.

Perciò ho ritenuto fondamentale analizzare in questa pubblicazione le dinamiche del rapporto consulente/cliente e della comunicazione, e l'importanza della pianificazione finanziaria in un piano di investimenti, per permettere anche a chi non ha ricevuto una specifica formazione commerciale di completare la propria figura professionale.

DI COSA VI PARLO?

Ho prima di tutto focalizzato la mia attenzione sul rapporto che il consulente deve avere con il cliente, spiegando che tipo di comunicazione, verbale o non verbale, è efficace per creare "empatia", quale è l'abbigliamento indicato per un incontro con il cliente, quale postura, espressione del viso e dello sguardo e quali gesti possono rendere efficace o disturbare una trattativa.

In secondo luogo ho analizzato il colloquio, come va condotta la trattativa commerciale, dal primo incontro alla fase di chiusura e di monitoraggio della soddisfazione del cliente.

Anche se spesso il consulente suggerisce prodotti finanziari che non gestisce direttamente, come i fondi comuni di investimento o le gestioni patrimoniali, è fondamentale che abbia delle conoscenze approfondite in materia finanziaria, in modo da fare delle scelte in linea con il profilo del cliente e presentare una corretta proposta di investimenti.

Ho perciò spiegato i concetti fondamentali che stanno alla base di una gestione finanziaria, come il rischio, il benchmark, il rating, gli stili di gestione e l'asset allocation.

Ho poi considerato i parametri fondamentali della pianificazione finanziaria, terminando con l'analisi della suddivisione ottimale di un portafoglio di investimenti in liquidità, riserva, previdenza, investimento e extra rendimento.

Entrando nello specifico degli argomenti, per quanto riguarda il rapporto consulente/cliente, la prima cosa da ricordare è il significato della parola consulente : deriva dal latino "consulentem", e significa "assiste col consiglio".

Quali sono gli atteggiamenti che aiutano il consulente, e quali invece disturbano il buon esito di una trattativa?

Il consulente deve seguire un metodo:

- Avere una buona formazione sui prodotti,
- Conoscere la concorrenza,
- Curare il proprio aspetto,
- Conoscere le tecniche di comunicazione verbale e non-verbale,
- Avere in mente la trattativa che vuole impostare, che consiste in una fase di apertura, detta rottura del ghiaccio, un colloquio con intervista finanziaria e una fase di chiusura per avere la possibilità di presentare in un secondo appuntamento una proposta finanziaria.

Per un consulente, le trattative più difficili sono quelle con persone che non conosce, e che spera diventino nuovi clienti.

Per non commettere errori, è importante seguire uno schema:

- Osservare il cliente,
- Fare le domande giuste,
- Ascoltare in modo attivo le risposte,
- Presentarsi in maniera attrattiva,
- Presentare la banca o la società di investimenti, in modo professionale,
- Preparare una proposta perfetta, sia dal punto di vista tecnico che da quello commerciale.

In questo modo sarà più facile:

- Riconoscere segnali che manda il cliente, utili per lo sviluppo della trattativa,

- Avere sotto controllo il filo del discorso,
- Rimanere concentrati sul cliente,
- Gestire e, possibilmente, anticipare le obiezioni,
- Proporre una soluzione di investimenti corretta.

Un aspetto fondamentale della comunicazione è "come si comunica".
Perché un cliente compra? Solitamente perché vuole soddisfare un bisogno.
E quando un cliente decide di cambiare? Quando è insoddisfatto.
Per il consulente, lo scopo di ogni appuntamento è quello di creare interesse nel cliente e fare nascere un bisogno, in modo da raggiungere il suo obiettivo: chiudere la trattativa in modo positivo.

La comunicazione può essere verbale e non-verbale.
Per quanto riguarda la comunicazione verbale è fondamentale:

- Evitare ogni genere di elemento di disturbo (telefoni che squillano, computer accesi se non sono necessari alla trattativa, persone vicine che parlano ad alta voce),
- Evitare lunghi monologhi ma fare delle pause, per verificare l'attenzione e la comprensione del cliente,
- Ripetere spesso il nome del cliente, perché lo fa sentire importante e riporta l'attenzione sul discorso, nel caso la sua mente si fosse deconcentrata,
- Fare delle domande di verifica (es. sono stato chiaro),
- Utilizzare domande chiuse o aperte in base alla risposta che si desidera ottenere (le domande aperte presuppongono un discorso, mentre quelle chiuse richiedono un "si" oppure un "no" come

risposta, e vengono usate per spingere il cliente a dire più "sì" possibili, portandolo verso una chiusura positiva della trattativa).

Quasi ogni cliente, ad un certo punto della trattativa, avrà delle obiezioni, che possono essere reali o emotive.
In nessun caso il consulente dovrà andare in contrasto con il cliente.
Rispondere in modo troppo duro, anche se il cliente avesse fatto un'obiezione che non si ritiene giusta, porterebbe il cliente a chiudersi e ad allontanarsi.
Con tranquillità il consulente dovrà rispondere alle obiezioni e, se possibile, girarle in modo da trasformarle in un elemento a suo favore.

Il tono della voce è molto importante in una trattativa, in quanto parlare a voce troppo alta potrebbe infastidire, ma tenere un tono troppo basso potrebbe creare fraintendimenti e trasmettere indecisione. Non bisogna nemmeno avvicinarsi troppo al cliente, che potrebbe vedere invaso il proprio spazio personale.

L'abbigliamento completa la figura del consulente: l'ideale è avere uno stile personale ma adeguato al ruolo, senza eccessi o stravaganze modaiole che potrebbero non essere gradite ad una clientela più tradizionale. Va però sottolineato che, a volte, è necessario adattarsi all'ambiente, specialmente se il consulente si reca ad un appuntamento fuori sede (che può essere presso l'azienda del cliente, o in un luogo pubblico).

In qualunque genere di appuntamento, sono i primi minuti che creano la cosiddetta "prima impressione": un sorriso aperto ed una buona stretta di mano aiutano il consulente a creare empatia con un possibile cliente.

A questo punto si entra nel campo della comunicazione non-verbale, che comprende postura, sguardi e gesti, che possono rafforzare o contraddire il messaggio che il consulente vuole trasmettere.

La stretta di mano può non essere gradita a tutti, ci sono persone che non apprezzano il contatto fisico o che, per necessità lavorative, si ritrovano in quel momento a non avere le mani pulite (l'esempio tipico è quello degli artigiani se il consulente si reca a trovarli presso la propria officina).

L'ideale sarebbe lasciare al cliente l'iniziativa della stretta di mano, e replicare il tipo di stretta del cliente, per non sembrare aggressivi verso una stretta più leggera, oppure deboli di fonte ad una stretta vigorosa.

La postura del consulente deve trasmettere sicurezza e apertura verso l'ascolto.

Sono da evitare gli atteggiamenti di chiusura o sfuggenti, che trasmettono poca sicurezza in se stessi.

Anche la comunicazione non-verbale del cliente va analizzata, perché trasmette al consulente lo stato emotivo del suo interlocutore, quindi se è attento e interessato, o se sta considerando l'appuntamento una perdita di tempo.

Vanno perciò controllati lo sguardo, la posizione del corpo (se il cliente si sporge verso il consulente durante l'ascolto significa che è interessato al discorso), la posizione delle braccia e delle gambe (se sono accavallate con i piedi in direzione della porta è molto probabile che stia cercando il modo di andarsene).

Una volta che il consulente si è ben presentato, deve entrare nel vivo del colloquio e della trattativa commerciale.

L'interlocutore può essere un possibile nuovo cliente, incontrato tramite appuntamento telefonico o tramite segnalazione di un cliente/conoscente.

Il colloquio si basa su tra fasi principali: l'apertura, detta anche rottura del ghiaccio, l'intervista finanziaria e la chiusura, finalizzata ad ottenere un nuovo appuntamento per presentare la proposta finanziaria.

(Se invece si sta incontrando un cliente già acquisito, la fase di chiusura sarà orientata alla spiegazione della situazione in essere, alla vendita di un nuovo prodotto, piuttosto che alla richiesta di referals).

La rottura del ghiaccio è fondamentale per entrare in empatia con un possibile cliente, che può essere scettico o poco disponibile ad affidare il suo patrimonio ad un nuovo consulente.

Per rompere il ghiaccio il consulente può sfruttare spunti offerti dal cliente (un orologio particolare, una foto se si è recato nel suo ufficio, o semplicemente, se ha trovato parcheggio facilmente. Anche chiedere se è già abituato a ricevere consulenza personalizzata può aiutare ad avviare il discorso).

La seconda fase, quella più delicata, parte con la spiegazione del proprio ruolo e dell'istituto che rappresenta, di come lavora un consulente finanziario rispetto ad un operatore tradizionale di sportello bancario (sottolineando l'analisi specifica per il profilo di ogni cliente, il continuo monitoraggio degli investimenti, la riservatezza, la disponibilità di orari etc.)

Si passa in seguito all'intervista finanziaria, per comprendere il profilo finanziario del cliente e fare emergere in lui interesse verso una consulenza personalizzata.

Più informazioni riuscirà a raccogliere, più sarà in grado di formulare un piano di investimenti in linea con le aspettative del cliente.

Se il cliente ha investimenti in essere, l'ideale è riuscire ad avere una copia del piano finanziario, per comprendere come è suddiviso ora il patrimonio, se ci sono aree migliorabili o tipologie di investimenti non presenti, che invece andrebbero suggeriti. Nel caso di un cliente restio a informare sulla sua situazione attuale, il consulente dovrà scoprire le abitudini finanziarie del cliente tramite domande mirate.

L'obiettivo è fissare un appuntamento di ritorno, per potere presentare una proposta finanziaria interessante, per investire nuova liquidità oppure per trasferire il capitale già investito in altre banche presso l' istituto che il consulente rappresenta.

Se il consulente sarà stato attrattivo e avrà suscitato interesse, riuscirà ad avere un secondo appuntamento.

In questo secondo appuntamento il consulente deve prepararsi in maniera precisa, analizzando ogni possibile punto debole della proposta, preparandosi a rispondere a eventuali obiezioni e rispettando il profilo del cliente emerso dall'intervista finanziaria.

L'esito della trattativa potrà essere la firma del mandato, un rimando ad un incontro ulteriore oppure un rifiuto.

Il consulente dovrà sempre analizzare i risultati ottenuti, specialmente quelli non positivi, per verificare se ci sono aree di miglioramento e correggere eventuali errori.

Una volta acquisito un nuovo cliente, il consulente dovrà monitorare il portafoglio investito, predisporre incontri periodici per la verifica dei risultati o la modifica del piano di investimenti.

Dovrà inoltre fissare un appuntamento specifico per la richiesta di referals, cioè di persone vicine o conosciute dal cliente, a cui proporre la propria figura professionale. I referals sono fondamentali per ampliare il proprio portafoglio gestito.

Riguardo al cliente, gli aspetti fondamentali che il consulente deve considerare nel creare un piano di investimenti, sono:

- Il profilo di rischio,
- La situazione economica globale,
- L'orizonte temporale,
- Gli obiettivi di investimento.

Il concetto di rischio non è uguale per tutti, ed è strettamente legato al rendimento di un piano finanziario: quanto sono risposto a rischiare per avere un rendimento maggiore.

Normalmente, il rendimento è direttamente proporzionale al rischio e alla durata dell'investimento.

Le caratteristiche invece da considerare rispetto agli investimenti scelti sono la liquidità del titolo, la duration, il rischio valutario, lo stile di gestione (attiva o passiva), il benchmark e il rating.

Valutato bene ogni aspetto tecnico, il consulente passa a strutturare l'asset allocation in linea con il profilo del cliente.

Il portafoglio verrà suddiviso in 5 aree:

1. Liquidità,
2. Riserva,
3. Previdenza,
4. Investimento,
5. Extra rendimento.

Ad ogni area corrispondono orizzonte temporale e tipologie di investimenti adeguati.

Rispettando correttamente queste suddivisioni, il cliente si troverà un bacino a cui attingere per gli imprevisti senza dovere disinvestire operazioni in momenti di mercato non corretti, e avrà anche una piccola parte di capitale investito per la ricerca di un rendimento superiore al mercato (extra rendimento, parte di capitale di cui il cliente può sopportare anche un'eventuale perdita totale).

Se il consulente avrà lavorato bene nella fase dell'intervista finanziaria, avrà rispettato il profilo di rischio del cliente e gli obiettivi di investimento, avrà monitorato costantemente il portafoglio investito, sarà riuscito a fidelizzare il cliente e potrà superare anche momenti di turbolenze e crisi di mercato.

Parte 1

IL RAPPORTO CONSULENTE/CLIENTE

CAPITOLO 1
IL CONSULENTE E LA COMUNICAZIONE CON IL CLIENTE

1.a. Il consulente

La parola consulente deriva dal latino *Consulèntem*, e il suo significato etimologico è *"che assiste col consiglio"*.

Anche in materia finanziaria, prima ancora di conoscere i prodotti di investimento che gli sono proposti, è fondamentale che il cliente si fidi e si affidi ai consigli del suo referente.

Per affrontare il difficile momento finanziario, le banche hanno necessità di valorizzare le risorse umane e renderle sempre più competenti, in modo da fidelizzare la clientela e offrire un servizio efficiente.

Da questo deriva l'importanza di una buona preparazione tecnica e commerciale.

Il "commerciale" per una banca avrà perciò il compito, per quanto riguarda la parte tecnica, di analizzare il mercato, conoscere a fondo i prodotti offerti e quelli della concorrenza (come potremmo convincere un cliente a cambiare banca se non conosciamo cosa gli stanno proponendo?) e individuare i bisogni della clientela per studiare nuovi prodotti.

Ancora più importante, però, sarà la sua capacità di entrare in "empatia" con i clienti, per fidelizzare quelli già presenti e trovarne di nuovi.

Per arrivare a essere un perfetto consulente, bisogna avere un metodo ben preciso.
Cosa "crea" questo metodo?

- Avere una buona formazione sui prodotti;
- Curare il proprio aspetto;
- Conoscere le tecniche di comunicazione non-verbale, per comprendere i messaggi inconsci che ci lancia il cliente e per non sbagliare a trasmettere il nostro;
- Avere bene in mente la trattativa che vogliamo portare avanti, per invogliare il cliente a fidarsi di noi e a prendere una decisione positiva, sia che gli stiamo proponendo di aumentare gli investimenti già in essere presso l'istituto bancario che rappresentiamo, sia che stiamo cercando di farlo diventare nostro cliente "rubandolo" alla concorrenza.

Perché un cliente decide di cambiare banca?
Solitamente perché è insoddisfatto.

Ma di cosa?

Del rendimento dei suoi investimenti o del tipo di consulenza e assistenza finanziaria ricevuta?

Più informazioni riusciremo ad avere durante il primo colloquio, più saremo in grado di sviluppare una proposta corretta (che tipo di investimenti predilige e quali ha già fatto, lavora con più banche, ha una situazione previdenziale in essere, ha una buona capacità di risparmio, si sente assistito e ben consigliato o deve essere sempre lui a contattare il suo referente finanziario?).

Approfondire questi argomenti e proporre al cliente la soluzione finanziaria corretta, decideranno l'esito della nostra trattativa.

Con un'attenta analisi commerciale, potremmo per esempio scoprire che un cliente che da noi sottoscrive solo strumenti di liquidità (e che abbiamo erroneamente considerato un investitore "prudente"), presso un altro istituto bancario investe anche in fondi azionari ad alto rischio.

Per quale motivo?

- E' una sua scelta ben precisa di diversificazione (fondamentale conoscere questo dato)?
- Qualcosa non ha funzionato nella nostra precedente comunicazione con lui e non si fida di noi?

- O, ancora peggio, noi non abbiamo davvero compreso quali erano le sue reali necessità ed abbiamo formulato proposte di investimento non corrette?

Troppe volte crediamo di essere stati chiari e di avere compreso le richieste del cliente, ma è davvero così?

Siamo in grado di "Ascoltare" veramente e trasmettere il nostro messaggio nella maniera corretta?

Per diventare dei bravi consulenti, possiamo aiutarci creando e rispettando uno schema per condurre una trattativa efficace:

1. Osservare il cliente;
2. Fare le domande giuste;
3. Ascoltare in modo attivo le risposte;
4. Presentarci in maniera "attrattiva";
5. Presentare la società che rappresentiamo in modo professionale;
6. Preparare una proposta perfetta, sia dal punto di vista tecnico, sia dal punto di vista commerciale.

Seguendo questo schema:

1. Potremo riconoscere dei segnali utili allo sviluppo della nostra trattativa;

2. Avremo sempre sotto controllo il "filo del discorso", evitando spiacevoli deviazioni di argomenti;

3. Saremo concentrati sul cliente;

4. Riusciremo a gestire le obiezioni e, magari, anche ad anticiparle;

5. Eviteremo di proporre al cliente una soluzione finanziaria non corretta per il suo profilo;

6. Eviteremo perdite di tempo nel dovere elaborare una seconda proposta (ammesso che ci venga data la possibilità di farlo).

1.a.1. La comunicazione

Come si comunica in maniera efficace?

La comunicazione migliore è quella "a due sensi di marcia".

- Nella comunicazione "a senso unico", il nostro messaggio viene semplicemente trasferito al cliente.

  E' un processo rapido, ma noi non abbiamo il *feedback* di ritorno per sapere se è stato ricevuto correttamente;

- Nella comunicazione "a due sensi di marcia", invece, il nostro messaggio è trasmesso al cliente che lo rielabora e lo rimanda alla nostra attenzione.

Richiede più concentrazione, ma può immediatamente farci capire se siamo stati compresi. Abbiamo quindi possibilità di verificare la nostra efficacia.

E cosa si comunica?

Un aspetto fondamentale è rappresentato da quello che stiamo comunicando: spesso, infatti, viene data più attenzione a "come" esprimiamo un concetto piuttosto che al contenuto.

E' noto, infatti, che i migliori "comunicatori" sono in grado di affrontare e gestire anche situazioni improvvise e imbarazzanti in cui non sono perfettamente ferrati sull'argomento della discussione. Con la loro capacità espressiva e interpretativa, e con la loro ottima comunicazione non-verbale, sopperiscono alla mancanza momentanea di informazioni tecniche.

Glissano brillantemente le domande di cui non conoscono le risposte e riportano la discussione su un terreno a loro favorevole.

Può succedere che, durante una trattativa, un cliente ci ponga una domanda molto tecnica, a cui non siamo in grado di rispondere in modo certo.

Come ci dobbiamo comportare?

1. Rispondere pacatamente che sarà nostra cura informarci (ad esempio dal gestore se stiamo proponendo una gestione

patrimoniale) e, in breve tempo, ricontattare il cliente per fornire una risposta precisa e dettagliata;

2. Annotare su un foglio la domanda del cliente: dimostra una reale attenzione verso il nostro interlocutore e trasmette la nostra professionalità nel volere chiarire ogni aspetto della trattativa, anche in un secondo momento;

3. Al successivo appuntamento, prima di iniziare a spiegare la nostra proposta finanziaria, impegnare dieci minuti del nostro tempo per chiarire i dubbi espressi dal cliente nell'incontro precedente.

Lo scopo finale di ogni appuntamento è quello di interessare il cliente e renderlo disponibile a lavorare con noi, perciò dobbiamo sfruttare le nostre competenze tecniche e la nostra capacità comunicativa linguistica e non-verbale per concludere positivamente ogni incontro commerciale.

1.b. La comunicazione verbale

Nella comunicazione verbale possono intervenire vari fattori di disturbo, che modificano il concetto espresso dal consulente, com'è compreso e come viene ricordato dal cliente.

Trattandosi di una trattativa finalizzata alla vendita di un prodotto, è fondamentale cercare di limitare il più possibile questi elementi, perché il cliente deve convincersi ad acquistare un prodotto finanziario, che non è visibile o tangibile concretamente.

Il primo passaggio fondamentale nella comunicazione verbale è la traduzione dell'idea in parole.
Quante volte abbiamo detto: *"Non è quello che intendevo"*?

Specialmente in una trattativa di vendita, l'attenzione alle parole deve essere alta per:

- Evitare fraintendimenti;
- Essere il più chiari possibili pur parlando di argomenti tecnici, che vanno spiegati in modo comprensibile (quando non capiamo un concetto, infatti, siamo spesso portati a evitarlo).

Il secondo aspetto importante è il coinvolgimento del cliente.

Nel discorso sono da evitare lunghi monologhi, mentre vanno fatte pause per verificare la reale comprensione del cliente con delle domande chiuse specifiche (*"Sono stato chiaro?"*, *"Mi sto spiegando in maniera comprensibile?"*).

Questo permetterà di:

- Accorgersi se il cliente ha dei dubbi;
- Mostrare reale interesse verso il cliente, rispondendo ad eventuali dubbi o obiezioni;
- Mantenere costante l'attenzione del cliente al nostro discorso.

Ripetere spesso il nome o il cognome del cliente durante la conversazione, ci aiuta a trasmettere che siamo interessati alla sua persona e che stiamo personalizzando il discorso per lui.
Inoltre, la persona che si sente chiamata per nome, mantiene un'attenzione maggiore verso il discorso.

1.b.1. Le domande aperte e chiuse

In base all'informazione che vogliamo avere e al tipo di risposta che ci aspettiamo dal cliente, durante la trattativa utilizzeremo domande *aperte* o *chiuse*.

- Domande *aperte*: prevedono una risposta di tipo discorsivo. Si utilizzano per la "rottura del ghiaccio", cioè per mettere il cliente a proprio agio, e per avere informazioni sulla sua situazione finanziaria e personale;

- Domande *chiuse*: non permettono un discorso, ma prevedono come risposta un "sì" oppure un "no".

  Si utilizzano per ricondurre il cliente all'argomento che stiamo trattando, per verificare il grado di comprensione e di attenzione durante la nostra esposizione, e per "stringere" la trattativa al momento della decisione.

La trattativa può essere rappresentata come un imbuto: nella parte larga superiore ci sono le domande *aperte*, mentre nella punta finale, che porta alla decisione definitiva, ci sono le domande *chiuse* che spingono il cliente a rispondere più "sì" possibili.

1.b.2. Gli elementi di disturbo

Le parole, una volta uscite dalla nostra bocca, devono arrivare all'orecchio di chi ci sta ascoltando. Sembra ovvio, ma il percorso, a volte, può essere difficoltoso.

Possono esserci due tipi diversi di ostacoli:
1. Disturbi concreti, come il suono continuo di un telefono o la presenza di persone che parlano a voce alta;
2. Distrazioni mentali, per cui il nostro interlocutore sembra interessato, ma in realtà sta pensando ad altro.

In entrambe le situazioni, è preferibile fermarci e tentare di trovare una soluzione, per tornare a essere noi che conduciamo la trattativa e continuare a interessare il nostro cliente.

Cambiare il tono di voce, alzarci e scrivere su una lavagna oppure su un foglio di carta, sono semplici gesti che possono riportare l'attenzione del cliente al nostro discorso.

1.b.3. La comunicazione empatica

L'Empatia è definita: *"Capacità di porsi nella situazione di un'altra persona o, più esattamente, di comprendere immediatamente i processi psichici dell'altro"*.

Per comunicare correttamente ed essere efficaci, non è sufficiente "parlare" con una persona, ma bisogna "attirarla" verso di noi, entrando in sintonia con lei. Spesso, il consulente finanziario si esprime con una terminologia tecnica e appropriata, ma non tiene conto del livello culturale del proprio cliente.

E' importante sapere "cambiare" il nostro modo di esprimere un concetto per permettere a chi ci ascolta di comprenderlo.

Un cliente che non conosce il significato di alcuni termini, anche se ormai comuni in ambito bancario, per imbarazzo potrebbe non esprimere le proprie perplessità. Il rischio che corre il consulente, è quello di fraintendere il suo silenzio prendendolo per interesse, mentre in realtà questo disagio lo allontanerà dalla nostra figura professionale.

In ogni trattativa di vendita, il cliente compra quando è interessato. Perché un cliente decida di "comprare" la nostra proposta di investimento, dobbiamo interessarlo utilizzando termini chiari, diretti e per lui comprensibili.

Per controllare l'efficacia della nostra trattativa, possiamo servirci delle "domande di verifica".

Del nostro discorso solo una parte rimarrà nella memoria del cliente, e questa parte sarà fondamentale per la sua decisione.

Se saremo in grado di comunicare in modo "emozionale" e non solo meccanico, il cliente sarà portato inconsciamente a memorizzare alcune parole, frasi o concetti, e allora saremo riusciti ad interessarlo. Per ottenere questo risultato, dovremo realmente comprendere i bisogni del nostro interlocutore, per offrire una proposta che risponda alle sue aspettative.

Durante le domande di verifica, potremo avere dal cliente delle risposte in contrasto con il nostro discorso, normalmente definite "obiezioni".

Sarà nostro dovere sapere rispondere in maniera tale da non scontrarci con il cliente o trasmettergli la sensazione di essere infastiditi.

Come trasformare un'obiezione in un punto a nostro favore?

- Se rispondiamo contestando l'obiezione, rischiamo di allontanare il cliente che può sentirsi attaccato o poco compreso;
- Se invece scegliamo un approccio sereno, possiamo mettere il cliente in condizione di tranquillità e spingerlo in modo sottile a rivedere la sua posizione.

Ad esempio:

- Approccio impulsivo del consulente:
  "Si sbaglia, non ha capito la proposta che le sto illustrando";
- Approccio corretto del consulente:
  "Ha sicuramente ragione, ma se provasse a valutare questa opzione che le sto proponendo, potrebbe accorgersi che soddisfa tutte le sue richieste".

1.c. La comunicazione non-verbale

La comunicazione non si serve solo delle parole per trasmettere un messaggio.

Esiste un altro canale definito "comunicazione non-verbale", che comprende:

- L'abbigliamento;

- La postura;

- L'espressione del viso;

- L'intonazione della voce;

- La gestualità.

Questo canale "sottile" può rafforzare quello che trasmettiamo verbalmente, ma può anche contraddirlo.

Dobbiamo imparare a gestire la nostra comunicazione non-verbale, in modo che questa confermi quanto trasmettiamo a parole.

Allo stesso modo, è fondamentale per noi conoscere i meccanismi di questo genere di comunicazione per:

- Comprendere realmente il pensiero del nostro interlocutore;

- Riuscire a entrare in sintonia con lui, per trasformare i suoi dubbi in sicurezze.

La comunicazione non-verbale è recepita dalla mente ancora prima delle parole, ha quindi più efficacia sul nostro inconscio e può spingerci verso decisioni che nemmeno noi pensavamo di essere pronti a prendere.

Lo stesso vale per l'effetto che noi possiamo avere sui nostri clienti: una buona espressione linguistica associata a una giusta comunicazione non-verbale, renderà efficace la nostra trattativa.

A volte, questi concetti sono trascurati, rischiando di compromettere il buon esito di una trattativa commerciale.

Anche il luogo in cui è svolto il colloquio ha la sua importanza.

Nel caso ci trovassimo in un ambiente rumoroso, è meglio rimandare la conversazione, spostandoci in una stanza più tranquilla.

Funziona un po' come per le partite sportive: chi gioca in casa parte psicologicamente in vantaggio.

- Se è il cliente a venire nel nostro ufficio, si troverà a essere seduto di fronte a noi alla *nostra* scrivania e noi ricopriremo una posizione di forza;

- Se siamo noi ad andare a trovarlo nella *sua* azienda, sarà il cliente a giocare in casa accogliendoci nella sua sala riunioni (o in casa sua), e si sentirà più sicuro, perché si trova in un luogo dove normalmente esercita una posizione di potere. In questo caso, da buoni comunicatori, dovremo sfruttare l'ambiente a nostro favore.

  Una fotografia, una targa o un quadro, ci saranno d'aiuto per la "rottura del ghiaccio" e per entrare in empatia con il cliente (es. se vediamo una foto di una barca a vela sul tavolo, possiamo iniziare il discorso dicendo: *"Noto che anche lei, sig. Rossi, è amante del mare come me"*. Il cliente, inizialmente sulle difensive nei nostri confronti, sarà portato a rilassarsi e a raccontarci qualche aneddoto a lui caro, che lo renderà più disponibile all'ascolto).

1.c.1. L'abbigliamento

Quando si dice "l'abito non fa il monaco", a volte, si commette un errore.

Il modo di vestire deve sempre trasmettere rispetto verso la nostra attività e verso le persone con cui ci rapportiamo.
L'abbigliamento ci rappresenta, e può:

- Aiutarci per il buon esito di un rapporto lavorativo;
- Diventare un elemento negativo.

E' corretto adottare uno stile che ci rispecchi anche caratterialmente:

- Possiamo seguire la moda dimostrando di avere personalità, staccandoci così dallo stereotipo "bancario-colletto bianco";

- Se abbinati con gusto e usati con moderazione, i colori trasmettono disponibilità e apertura verso gli altri.

L'importante è non eccedere.

Normalmente, che si lavori in banca, in uno studio di consulenza o ci si rechi presso la sede del cliente, si dovrebbe adottare uno stile curato, che rappresenti il nostro ruolo senza esagerare nella ricercatezza, che potrebbe mettere il cliente in una posizione di disagio.

In situazioni particolari, però, l'abbigliamento deve adattarsi all'occasione (es.se andiamo a trovare un imprenditore agricolo, e prevediamo ci porti a visitare l'azienda, possiamo indossare un completo informale e comodo per non metterlo in soggezione con una mise troppo istituzionale, oppure, se fissiamo un appuntamento presso un campo da golf, è giusto presentarci con una tenuta sportiva in linea con l'ambiente).

1.c.2. La postura

La mente del cliente "fotografa" la nostra figura nei primi cinque secondi in cui ci presentiamo. In questi pochi momenti dobbiamo trasmettere:

- Sicurezza;
- Professionalità;

- Cordialità.

Quali comportamenti ci aiutano?

1. Se lavoriamo come consulenti presso un intermediario finanziario, il cliente verrà da noi su appuntamento.
   Lo accoglieremo per accompagnarlo nella sala riunioni, o avremo una segretaria che svolge questa mansione. In ogni caso, anche se lo stiamo attendendo al tavolo riunioni, dovremo alzarci e muoverci incontro al cliente.

Se è possibile, offrire un caffè o un bicchiere d'acqua, aiuta il momento della "rottura del ghiaccio".

Quale atteggiamento tenere?

- Schiena dritta;
- Sguardo diretto;
- Sorriso;
- Camminata composta;
- Invito alla stretta di mano.

2. Se lavoriamo per una banca tradizionale, saremo seduti alla scrivania. Normalmente il consulente non si alza, ma invita il

cliente ad accomodarsi sulla sedia di fronte. Anche in questa situazione di accoglienza "da seduti", dobbiamo mantenere una postura corretta:

- Schiena dritta;
- Sguardo diretto;
- Sorriso;
- Invito alla stretta di mano.

Non solo la nostra persona, ma anche il nostro ufficio, o la sala riunioni, dovrà essere in ordine e curato:

- Sedie posizionate con ordine;
- Tavolo o scrivania puliti (senza impronte se sono di cristallo);
- Piano di lavoro ordinato e libero da oggetti ingombranti (niente barriere fra noi e il cliente).

Prima ancora di analizzare l'importanza della nostra postura del corpo e di quella del cliente, è utile prestare attenzione a come decidiamo di disporci nello spazio rispetto al nostro cliente:

- La posizione più classica e ufficiale prevede il consulente seduto alla scrivania, di fonte al suo interlocutore. Questa sistemazione frontale, specialmente se si tratta del primo incontro, può però essere interpretata dal cliente come una sorta di affronto (così come per gli animali, il guardarli dritto negli occhi risveglia in loro un senso di sfida);

- Diversamente, se ci sediamo leggermente laterali rispetto alla sua sedia, possiamo creare un clima più rilassato, rispettando comunque l'immagine della nostra figura professionale.

- Se invece vogliamo eliminare il nostro ruolo di comando e portare psicologicamente il cliente al nostro livello, dobbiamo sederci accanto a lui, dallo stesso lato della scrivania, per ricreare una situazione che richiami una conversazione amichevole (da evitare al primo incontro).

Dobbiamo porre attenzione anche agli oggetti presenti sulla scrivania: il computer portatile, la valigetta o altri oggetti ingombranti, vanno messi lateralmente, in modo da non creare barriere fisiche che poi si trasportano sul piano psicologico.

Quando siamo seduti alla scrivania, la nostra postura deve trasmettere serietà e apertura all'ascolto.
La posizione del nostro busto deve essere eretta e la testa va portata leggermente in avanti verso il cliente per trasmettere disponibilità;

Le braccia devono essere rilassate e i polsi vanno appoggiati alla scrivania (le mani nascoste trasmettono all'inconscio un messaggio di non sincerità).

Osserviamo poi la postura del cliente: anche lui dovrebbe appoggiare la schiena allo schienale tenendo la testa spostata leggermente verso di noi, posizione che denota interesse e ascolto.

Attenzione alle braccia: se sono incrociate sul petto, ci sta trasmettendo un messaggio di chiusura.

Forse il cliente si è sentito attaccato da noi?

In ogni caso, è utile fermarsi nel discorso, riprendere con un tono di voce leggermente più basso e fare una domanda di verifica della comprensione.

Anche le gambe incrociate possono essere un segnale di chiusura, specialmente se il cliente direziona i piedi verso la porta di uscita.

Il messaggio inconscio è chiaro: vuole scappare.

Durante la conversazione, può esserci utile "replicare" alcuni atteggiamenti del cliente che indicano apertura e interesse all'ascolto: ad esempio, se si spinge verso di noi, è consigliato fare lo stesso movimento per trasmettere la nostra disponibilità.

Quando, invece, siamo in piedi di fronte al cliente, è importante la distanza che mettiamo tra noi e il nostro interlocutore: un metro circa è quella considerata "corretta" per un dialogo che abbia un esito positivo. In questo spazio difficilmente si possono inserire altre persone, creando un elemento di disturbo, e la nostra voce dovrebbe arrivare chiara e quindi comprensibile. Non è consigliabile avvicinarsi maggiormente, perché il gesto potrebbe essere inteso come un'invasione del proprio spazio personale.

1.c.3. L'espressione del viso e lo sguardo

Dall'espressione del nostro viso e dallo sguardo, dipende il modo in cui il cliente recepisce il nostro messaggio. Spesso, infatti, quello che trasmettiamo a parole viene "oscurato" da una mimica facciale non corretta.

Sorridere è fondamentale.

Sorridere in maniera sincera, senza avere sul viso stampato un sorriso "di circostanza", trasmette una sensazione positiva e di sicurezza al cliente.

Una persona che non sorride potrebbe essere scambiata per un individuo non in armonia con se stesso o con delle insicurezze, e quindi poco capace di portare a buon fine una trattativa commerciale.

Il sorriso ha la capacità di tranquillizzare e di rendere una persona "sulle difensive" più disponibile nei nostri confronti.

Se vogliamo che la nostra consulenza si concluda in maniera positiva, dobbiamo evitare di andare in contrasto con il cliente e fare invece in modo che si senta:

- Importante;
- Ascoltato;
- Considerato.

Per ottenere questo risultato è utile:

- Sorridere in modo sincero e non forzato;
- Guardare il cliente negli occhi, sia mentre parliamo, sia mentre ci risponde;
- Annuire col capo mentre parla il cliente.

Sono da evitare:

- Sguardi sfuggenti (sinonimo di non chiarezza);
- Sguardi di traverso (sinonimo di poca sincerità);
- Sguardi rivolti verso il pavimento (sinonimo di incertezza);
- Sguardi insistenti (sinonimo di arroganza e di sfida).

Dovremo porre attenzione anche all'espressione del viso e allo sguardo del cliente, per comprendere se ci ascolta ed è interessato alla nostra proposta, o se si sta allontanando mentalmente e stiamo perdendo il controllo sullo sviluppo della trattativa.

1.c.4. La voce

L'intonazione della voce è un altro aspetto che dobbiamo curare. Oltre a trasmettere il nostro messaggio con le parole, dobbiamo renderlo efficace anche con il timbro vocale.

Un'espressione "monotono", lunga e senza variazioni di timbro vocale, esprime noia e poco interesse, ed è tipica di quando si recita un copione a memoria senza provare entusiasmo nei confronti dell'argomento. Questo tipo di comunicazione spinge l'interlocutore a distrarsi e ad allontanarsi mentalmente.

Durante un colloquio, invece, abbassare o alzare il timbro della voce interrompe il flusso dei pensieri di chi ci ascolta (nel caso in cui stia divagando mentalmente) e riporta l'attenzione su di noi, rendendo coinvolgente il nostro discorso.

Tenendo sempre conto della situazione ambientale in cui ci troviamo (es. presenza di rumori) e del cliente con cui stiamo parlando (es. persona anziana), dobbiamo porre attenzione anche al volume della nostra voce:

- Parlare a voce troppo alta può farci sembrare aggressivi e poco educati, ed essere interpretato come segno di poca riservatezza (qualità fondamentale nella consulenza finanziaria);

- Parlare con un tono di voce troppo basso può impedire al cliente la reale comprensione delle nostre parole e orientarlo verso altri istituti bancari o altri consulenti.

1.c.5. La gestualità

Durante una conversazione, normalmente, il discorso è accompagnato da gesti che ne sottolineano e ne rafforzano il contenuto.

Come deve essere la nostra gestualità, affinché il nostro messaggio arrivi al cliente in maniera efficace?

- I gesti non devono essere troppi, o esageratamente ampi: potrebbero distrarre l'attenzione del cliente e anche infastidirlo;
- I nostri gesti devono avere movimenti circolari e a non scatti;
- Rivolgendoci al cliente, è importante evitare di puntare la mano o un dito verso la sua persona (la mente del cliente potrebbe interpretare questo movimento come una lama puntata verso di lui) e i palmi delle mani devono essere rivolti verso l'alto, in segno di trasparenza: il nostro messaggio non nasconde imbrogli.

CAPITOLO 2

IL COLLOQUIO/ TRATTATIVA COMMERCIALE

2.a. La telefonata

Senza dimenticare la Legge sulla Privacy, in ambito bancario, il telefono è spesso utilizzato come strumento per:

- Fissare un primo appuntamento di presentazione in banca o presso la sede del cliente;
- Proporre un nuovo prodotto finanziario, sia a nostri clienti, sia a nuovi contatti, usando la strategia di vendita diretta telefonica;
- Verificare il grado di soddisfazione del cliente;
- Chiedere *referals*.

Generalmente, sono i promotori finanziari e gli sviluppatori commerciali delle banche tradizionali che utilizzano la telefonata come strumento per la raccolta di nuova clientela.

Analizziamo la telefonata per fissare un primo incontro.

E' definita "telefonata a freddo", perché i nominativi dei possibili clienti (o *prospect*) sono presi casualmente da elenchi telefonici piuttosto che da Albi professionali.

- Si può decidere di contattare una categoria specifica di aziende/professionisti: in questo caso il testo della telefonata avrà un contenuto mirato specifico all'attività svolta;
- Si può decidere di contattare clientela privata senza riferimenti all'attività lavorativa: in questo caso il testo della telefonata dovrà essere più generico.

Il testo classico di una telefonata "a freddo" deve essere veloce e incisivo, e prevede:

1. Un'apertura con presentazione (es. *"Buongiorno sig. Rossi, sono Federica Sala e la chiamo da Banca Sanpaolo"*).
2. La spiegazione del motivo della telefonata *("Il suo nominativo mi è stato segnalato dalla società che per noi si occupa di ricercare nuova clientela"* oppure dal sig. Bianchi, in caso di referenze personali, *"Vorrei invitarla ad un incontro presso il nostro istituto di credito per presentarle la nostra operatività e i vantaggi di una consulenza personalizzata"*).

Il fine di questo tipo di telefonata è la vendita dell'appuntamento: non viene fatto alcun riferimento a soldi o a prodotti, ma si deve chiedere la possibilità di un incontro in cui presentarci e presentare la banca.

Le risposte più comuni saranno:

- Sono già vostro cliente, si occupa dei miei investimenti il dr. Verdi;
- Sono già seguito dalla mia banca;
- Non ho altri soldi da investire;
- Non mi interessa.

Cosa rispondere a queste obiezioni per riuscire ad avere un incontro?

- Cliente: *"Sono già vostro cliente, si occupa dei miei investimenti il dr. Verdi"*.
  Consulente: *"Sono felice abbia già scelto il nostro istituto, le auguro una buona giornata* (se operiamo come consulenti o come gestori di clientela "private", prima di telefonare a persone non conosciute, è utile verificare che nella lista dei nominativi da contattare non siano presenti clienti di nostri colleghi);

- Cliente: *"Sono già seguito dalla mia banca"*.

  Consulente: *"Mi fa molto piacere che lei sia una persona attenta al mercato e abbia un professionista che la consiglia. Specialmente in fasi di mercato altalenanti, è fondamentale muoversi con la tempistica corretta. Proprio per questo vorrei poterle illustrare l'operatività della nostra banca, ovviamente senza alcun impegno da parte sua. Inoltre, potrebbe farle piacere una consulenza gratuita da parte di un altro professionista"* (iniziamo a fare venire un dubbio al cliente: ho un professionista che si occupa dei miei investimenti, oppure devo andare io in banca perché non mi chiamano mai, magari perdendo il momento giusto per vendere o comprare?);

- Cliente: *"Non ho altri soldi da investire"*.

  Consulente: *"Non le sto chiedendo di cambiare banca, ma solo di conoscere, senza impegno, una realtà diversa che potrebbe tornarle utile, magari in futuro. Inoltre, potrebbe farle piacere una consulenza gratuita da parte di un altro professionista e potere avere un termine di paragone con le nostre condizioni che sono davvero vantaggiose"* (cerchiamo di spingere sul discorso "condizioni migliori"; se non riusciamo a fissare subito un appuntamento, in ogni caso è sicuramente una persona da ricontattare, perché ci ha involontariamente informato di avere degli investimenti in essere).

- Cliente: *"Non mi interessa"*.

  Consulente: *"Anche se ritiene di non essere interessato, vorrei comunque presentarmi e parlarle di come il nostro istituto bancario si occupa della sua clientela. Siamo molto competitivi e abbiamo a cuore la soddisfazione dei nostri clienti. Potrebbe dedicarmi una mezz'ora, senza alcun impegno da parte sua? Inoltre, potrebbe farle piacere avere una consulenza gratuita da parte di un professionista"* (se possibile, cerchiamo di incuriosirlo).

La fase finale della telefonata, se ha avuto esito positivo, sarà fissare il luogo dell'appuntamento.

Quali sono le alternative?

- Presso la casa o lo studio/azienda del cliente (se il nostro ruolo prevede "L'offerta fuori sede");
- Presso il nostro ufficio/banca.

2.b. Il primo incontro

Il colloquio per un primo incontro con il cliente si divide in sei fasi principali:

1. Apertura o "rottura del ghiaccio";

2. Presentazione personale e della banca;

3. Spiegazione del motivo dell'incontro;

4. Intervista per individuare le esigenze con indagine finanziaria;

5. Richiesta di analisi del portafoglio esistente;

6. Chiusura per appuntamento di ritorno.

2.b.1. L'apertura o "rottura del ghiaccio"

I minuti iniziali della presentazione sono quelli de "la prima impressione".

Il cliente valuta la nostra "simpatia" ancora prima del nostro livello di preparazione tecnica. Nei primi minuti si creano le basi per una relazione commerciale ed è importante evitare che il nostro interlocutore possa avere qualunque genere di impressione negativa.

Questa primissima fase dell'incontro con il cliente è molto importante, ma deve essere breve. Dedicare troppo tempo ad argomenti diversi dal motivo della visita, non trasmette serietà professionale e rende difficile riportare il discorso sul campo finanziario.

Un sorriso "naturale" e non forzato deve accompagnare la stretta di mano.

Questo movimento, che a volte viene sottovalutato e dimenticato, è il primo anello del legame che stiamo cercando di instaurare.

Sarebbe preferibile lasciare al cliente l'iniziativa di porgere la mano, perché ci sono persone che non amano il contatto fisico, oppure svolgono un lavoro manuale e non hanno le mani pulite (si verifica spesso con gli artigiani se siamo noi ad andare a trovarli nel loro luogo di lavoro).

E' bene replicare la stessa intensità della stretta di mano del cliente, per non sembrare deboli di fonte a una stretta vigorosa o troppo aggressivi con un cliente più "delicato" (per trasmettere decisione e sicurezza, la nostra stretta di mano non dovrà comunque mai essere "molle").

Anche la durata della stretta è importante: non deve essere sfuggente (denota insicurezza o poca trasparenza) ma nemmeno prolungata (segnale di troppa confidenza e possibile elemento di fastidio).

Per iniziare una trattativa di successo, è fondamentale concentrarsi sulla comunicazione verbale e non-verbale.

- Se stiamo incontrando un cliente per la prima volta, in poco tempo dobbiamo cercare di comprendere che tipo di persona abbiamo di fronte: il suo abbigliamento può darci indicazioni sul lavoro e sullo stile di vita, il modo di esprimersi denota il suo livello culturale.

Questi concetti, che dobbiamo cogliere rapidamente, ci aiuteranno a entrare in empatia con un nostro possibile nuovo cliente e a utilizzare uno stile di comunicazione efficace;

- Se incontriamo un nostro cliente, i primi minuti del colloquio ci aiutano a ricreare un'atmosfera cordiale e rilassata prima di affrontare argomenti tecnici. In questa situazione siamo avvantaggiati, perché conosciamo il nostro interlocutore e sappiamo quali domande porre per la "rottura del ghiaccio" (es. *"Come sta sua figlia?*, *"Procede bene il nuovo lavoro?"*, *"Come sono andate le sue vacanze al mare?"*, *"E' andato ancora a pescare con suo fratello?"*, etc.). E' utile annotare nel fascicolo di ogni cliente qualche particolarità o interesse personale, in modo da utilizzare queste informazioni al momento necessario;

- Se incontriamo un cliente potenziale, dobbiamo essere attenti ai particolari per riuscire a entrare velocemente in sintonia. Prima di spiegare il motivo della nostra visita o invito presso il nostro istituto (se siamo stati noi telefonicamente a fissare l'appuntamento avremo già spiegato questo concetto, ma è utile riprenderlo di persona), cerchiamo di sfruttare qualche dettaglio del suo abbigliamento o un accessorio (es. *"Non ho potuto fare a meno di notare il suo orologio, complimenti, anch'io sono appassionato di orologi d'epoca"*) oppure, se non troviamo agganci concreti, possiamo utilizzare le classiche domande di cortesia (es. *"Ha avuto difficoltà a trovare il parcheggio?*).

Nel caso in cui ci sia stato segnalato da un nostro cliente (che ci permette di dichiararlo), possiamo utilizzare il riferimento diretto alla persona come "rottura del ghiaccio".

2.b.2. La presentazione personale e della banca

Dopo il saluto con la stretta di mano e la fase di "rottura del ghiaccio", passiamo alla nostra presentazione e, in seguito, a quella della banca (come espresso nel paragrafo precedente, probabilmente abbiamo già affrontato in maniera rapida questo argomento per fissare telefonicamente un appuntamento).

E' buona cosa accompagnare la presentazione verbale con il nostro biglietto da visita. E' possibile consegnare al cliente il biglietto da visita durante le presentazioni o al termine del colloquio.

Oltre ad essere un comportamento professionale sempre ben considerato, permette al cliente di ricordare il nostro nome se è stato frainteso durante la presentazione, o semplicemente non memorizzato. Inoltre, chiarisce in modo immediato quale è il nostro ruolo nell'istituto bancario che rappresentiamo ed è facilmente recuperabile dal cliente nel caso in cui decidesse di sceglierci come consulente in futuro e volesse ricontattarci.

La presentazione della banca è necessaria nel momento in cui stiamo trattando con un potenziale cliente o se c'è stata una fusione tra istituti, e noi (consulente e banca) siamo diventati i suoi nuovi referenti.

Questa presentazione deve essere breve e chiara, senza numeri complicati che potrebbero mettere a disagio il cliente rovinando l'esito della trattativa, ed è utile consegnare una brochure e l'ultimo bilancio della banca.

2.b.3. La spiegazione del motivo dell'incontro

Anche se abbiamo già spiegato brevemente al cliente la motivazione dell'appuntamento durante il contatto telefonico, è sempre utile riprendere il concetto per iniziare a entrare nel vivo della trattativa commerciale.

Per interessare fin da subito il cliente, è importante puntare sui vantaggi offerti dalla nostra consulenza "personalizzata" e dalla banca.

Evidenziare ciò che proponiamo "esclusivamente" e il nostro metodo "unico" nel panorama finanziario, lo renderà ben disposto nei nostri confronti.

Ci sono termini specifici che fanno breccia nella psicologia "vanitosa" dell'interlocutore:

- Migliori condizioni del mercato;
- Riduzione delle spese di investimento e gestione;
- Consulenza personalizzata;
- Esclusivi Partner Finanziari;
- Esperti gestori provenienti dal panorama finanziario internazionale;
- Monitoraggio continuo;
- Numero di clienti limitato;
- Gestione del patrimonio dinamica.

A seconda del cliente con cui stiamo trattando, durante la spiegazione della richiesta dell'incontro, dobbiamo utilizzare un approccio più o meno "riverente".

- Clienti facoltosi/aziende importanti con ottimi fatturati.
  Se ci troviamo di fronte ad un cliente molto facoltoso, che quindi è spesso oggetto di contatto da consulenti finanziari e

banche di investimento, sarà utile utilizzare termini lusinghieri riferiti alla sua attività lavorativa (es. *"Dottor Rossi, siamo tutti a conoscenza del fondamentale ruolo che ricopre nel campo della medicina, saremmo orgogliosi di potere avere tra i nostri clienti una persona così importante"),* e puntare sull'esclusività dei nostri servizi riservati alla clientela Top, e sulle nostre condizioni vantaggiose;

- Clienti ordinari/Aziende di artigiani o con medio fatturato. In questo caso un approccio esageratamente riverente potrebbe infastidire il cliente, suonando falso e poco appropriato. La strategia migliore è una comunicazione diretta e trasparente, che faccia sentire il cliente considerato e importante (es. *"Essendo presenti con uno sportello sul territorio vicino alla sua attività, avremmo piacere di proporle i servizi e i vantaggi che la banca le può offrire"*).

Ogni cliente, sia facoltoso sia con poca disponibilità al momento dell'incontro, va trattato in modo professionale e con attenzione.

Anche se non diventerà un cliente importante nell'immediato, può essere un'ottima fonte di *referals* e permetterci di aumentare il nostro portafoglio.

Inoltre, le situazioni economiche possono cambiare, ed è importante che un portafoglio clienti non sia formato solo da pochi elementi importanti, ma sia "sostenuto" anche da un buon numero di clienti minori, che tamponino un eventuale disinvestimento da parte di un grosso cliente.

2.b.4. L'intervista per individuare le esigenze con indagine finanziaria

Durante questa fase del colloquio, "decifrando" i segnali della comunicazione non-verbale che ci trasmette il cliente e facendo le domande "giuste", cerchiamo di ottenere informazioni di natura personale e professionale, necessarie per arrivare alla preparazione di una proposta finanziaria.

Per raggiungere questo risultato, dobbiamo *fare parlare il cliente*, senza che questo si senta sottoposto a un interrogatorio. Possiamo trovarci di fronte una persona disposta a raccontarci la sua situazione finanziaria, ma anche scontrarci con un soggetto chiuso e poco disponibile a farci conoscere la sua condizione economica.

Come possiamo porre le domande "giuste" nel modo giusto?
Dobbiamo porre delle domande che abbiano delle "finalità precise" per:

- Diminuire la tensione del cliente che si trova a un primo appuntamento con un intermediario finanziario sconosciuto, per creare un clima rilassato favorevole al dialogo;
- Gratificare il cliente, facendolo sentire al centro della nostra attenzione anche come persona;
- Riportare il discorso sul tema "banca", anche quando il cliente ci sta raccontando una parte della sua vita;
- Scoprire le "abitudini finanziarie" del cliente, per sfruttare qualche punto debole a favore della nostra proposta;
- Comprendere le reali necessità del cliente, anche quelle che non sono espresse in modo evidente;
- Verificare che il cliente presti attenzione al nostro discorso;
- Comprendere la natura delle obiezioni, per distinguere quelle reali, che denotano interesse e meritano delle risposte, da quelle che invece sono pretesti che esprimono la volontà di un rifiuto.

Successivamente, dobbiamo prestare attenzione a *come formuliamo le domande*:

- Porre una domanda alla volta, per non creare confusione nelle risposte del cliente;
- Non monopolizzare il discorso;

- Ricordarci di chiamare il cliente per nome, in modo che le domande sembrino pensate specificatamente per lui;

- Iniziare con domande di carattere finanziario generale prima di riferirci alla situazione personale del cliente;

- Spiegare perché facciamo delle domande specifiche sulla sua situazione finanziaria (es. *"Sig. Rossi, le faccio questa domanda perché, conoscendo meglio alcuni dettagli, posso proporle una soluzione finanziaria davvero studiata per le sue reali necessità"*);

- Non sottolineare in modo evidente se ci sono alcune incongruenze nelle risposte del cliente, ma portarlo con delicatezza a chiarirle;

- Gratificare il cliente complimentandoci con le sue scelte, senza smontare un eventuale piano finanziario in essere, anche se abbiamo riscontrato delle lacune (questo va sempre fatto in un appuntamento di ritorno, prima della presentazione della nostra proposta, e non durante il primo incontro);

- Porre le domande in termini positivi (es. *"Le piacerebbe ottenere risultati diversi?"* oppure *"Vorrebbe maggiore attenzione da parte del suo intermediario finanziario?"*);

- Utilizzare un linguaggio tecnico comprensibile dal cliente;

- Utilizzare le domande aperte quando vogliamo ottenere delle risposte discorsive;

- Utilizzare le domande chiuse per ottenere dei "sì" (dire molti "sì" porta il cliente verso una decisione positiva);

- Utilizzare delle domande "furbe". Se abbiamo capito che la nostra sede è più vicina all'ufficio del cliente rispetto alla sua attuale filiale di riferimento, possiamo fare leva sull'importanza di risparmiare del tempo da dedicare ad altri interessi (es. *"Sig. Rossi, vorrebbe avere più tempo da dedicare alla sua famiglia e ai suoi interessi?"*. Al cliente verrà automatico rispondere che il suo tempo è importante, dandoci la possibilità di continuare la frase spiegando: *"Immagini quanto tempo risparmierebbe in un intero anno se, invece di dovere attraversare mezza città, avesse la filiale della sua banca a soli due minuti di strada"*).

Un altro aspetto importante, specialmente nella fase dell'intervista, è quello dell'ascolto.
A poco serve porre le domande giuste, se poi non si ascolta il cliente!
Quali sono gli errori più frequenti?

- Interrompere continuamente il cliente: può innervosire il nostro interlocutore;

- Credere di avere già capito la risposta senza lasciare terminare una frase: può spingerci a un ascolto frettoloso e a formulare una proposta finanziaria sbagliata;
- Avere fretta di porre la domanda successiva: può farci perdere informazioni importanti;
- Essere distratti: rispondere al telefono o guardare il computer mentre il cliente sta parlando, non trasmette il nostro reale interesse verso la conversazione;
- Focalizzare la nostra attenzione solo su un prodotto finanziario, magari oggetto di una specifica campagna promozionale della banca: non è detto che questo prodotto rappresenti la giusta soluzione finanziaria. Rischiamo di tralasciare informazioni importanti che ci sta dando il cliente e di perdere così la possibilità di proporre un'alternativa più corretta per le sue esigenze finanziarie.

Durante il colloquio, possiamo sfruttare gli "agganci commerciali" che ci vengono dati dal cliente, spesso in modo involontario.

- Possiamo, ad esempio, scoprire che è socio in varie attività di cui noi non conoscevamo l'esistenza: sono tutte realtà da analizzare perché potrebbero trasformarsi in nuova clientela da acquisire;
- Può nominare famigliari a cui estendere lo studio di una proposta di investimenti;

- Ci può parlare di altre persone che hanno sottoscritto prodotti finanziari che noi non avevamo pensato di proporre, ma che in lui hanno suscitato interesse: è un ottimo spunto per spiegare i nostri prodotti simili e valutare di inserirli nella nostra proposta;

- Può evidenziare aspetti logistici, come la necessità di muoversi con mezzi pubblici o l'importanza di avere un parcheggio vicino: sono dettagli importanti su cui possiamo fare leva se siamo in condizione di soddisfare queste richieste (es. la banca è in centro ed è raggiungibile con i mezzi pubblici; la banca ha creato un parcheggio sotterraneo riservato ai clienti) oppure, se non possiamo utilizzarli a nostro favore, dobbiamo cercare di spostare l'attenzione su altri vantaggi che offre il nostro istituto (es. non abbiamo un parcheggio riservato, ma gli sportelli bancari sono aperti anche il sabato mattina quando c'è meno traffico, oppure il pomeriggio chiudono più tardi rispetto alle altre banche, etc.).

Per portare la trattativa commerciale verso un esito positivo, bisogna fare emergere nel cliente una "necessità".

Gli psicologi spiegano che, molto spesso, le decisioni vengono prese per l'80% dalla nostra parte emotiva e solo per il 20% da quella razionale.

Ci sono due tipi di necessità: *latenti* e *evidenti*.

- Necessità *latenti*: sono i bisogni inconsci, quelli più nascosti, che il consulente deve abilmente portare a livello razionale. Sono anche quelli che, una volta individuati e soddisfatti, aiutano a fidelizzare il cliente.

  Generalmente sono maggiori rispetto alle "necessità evidenti" e, perciò, se ben considerati, rappresentano un buon ventaglio di spunti commerciali;

- Necessità *evidenti*: sono i bisogni già "conosciuti" dal cliente.

  Bisogna sapere riconoscere se i bisogni "evidenti" sono davvero reali o se derivano, magari, da suggerimenti avuti da terze persone o da notizie ascoltate tramite mezzi di comunicazione (es. un cliente dice di avere interesse ad investire il suo patrimonio in una gestione patrimoniale e di essere orientato ad una gestione in fondi di liquidità. Molto probabilmente il suo interesse reale non è verso le gestioni patrimoniali, strumenti costosi con commissioni di entrata e mantenimento, quindi più giustificati se si scelgono profili dinamici, ma vuole semplicemente sentirsi un *"cliente importante"* perché seguito da un gestore e non da un operatore di sportello).

Un consulente attento dovrà comprendere questa "necessità latente" e rispondere al cliente suggerendo un investimento adeguato, ma con un servizio che soddisfi anche il bisogno nascosto.

Se invece rispondiamo a un bisogno non reale, nel tempo la proposta di investimento potrebbe risultare non adeguata per il cliente, portandoci a perdere la sua fiducia.

Nella trattativa, per fare leva sulla parte emotiva del cliente, non bisogna mai dimenticare di spiegare i *vantaggi* di un prodotto/investimento, di cui il cliente può beneficiare se sceglie di affidarsi alla nostra consulenza e quindi alla banca che rappresentiamo (es. se si tratta di un commerciante, suggerire di installare il Pos in negozio diminuisce per lui il rischio di rapine; oppure, scegliere di investire in un fondo obbligazionario o azionario piuttosto che in singoli titoli, libera il cliente dal monitorare spesso il valore del suo portafoglio, perché se ne occupa direttamente il gestore del fondo, che ha più possibilità di scelta e tempistiche più efficaci, poiché effettua giornalmente operazioni di vendita/acquisto in base all'andamento dei mercati).

2.b.5. La richiesta di analisi del portafoglio esistente

Terminata la fase dell'intervista, dobbiamo formulare una proposta di investimenti che soddisfi il nostro potenziale cliente.

Se siamo riusciti ad ottenere le informazioni fondamentali per lavorare alla proposta, possiamo avere scoperto che il nostro interlocutore ha già degli investimenti in essere presso un altro intermediario finanziario.

In questo caso, dobbiamo convincerlo a farci vedere il piano finanziario per due motivi:

1. Per comprendere come è suddiviso il suo portafoglio;
2. Per potere "smontare" il piano finanziario della concorrenza e convincere il cliente a trasferirci il suo capitale.

Non sempre il cliente è disposto a fornirci questo genere di informazioni personali.

Come fare per ottenerne una copia?

- Spiegare al cliente che, per formulare una proposta rispondente alle sue necessità, è importante per noi conoscere la tipologia dei suoi investimenti: in questo modo non proporremo dei doppioni, rischiando di sbilanciare il suo patrimonio, e potremo suggerire soluzioni diverse per ottenere un piano di investimenti adeguato e realmente personalizzato.

- Proporre al cliente di fornirci una copia del suo estratto titoli con i valori nascosti: così la richiesta non sembrerà troppo invadente e ci permetterà comunque di conoscere la situazione. Anche se è importante comprendere le percentuali di ogni prodotto finanziario per comprendere come è attualmente allocato il capitale, potremo approfondire questo aspetto quando sottoporremo al cliente la nostra proposta finanziaria.

Se il cliente accetta, abbiamo raggiunto due obiettivi fondamentali:

1. Si fida di noi;
2. Lo abbiamo incuriosito.

Se il cliente non accetta, cercheremo di formulare una proposta sulla base delle informazioni che abbiamo raccolto durante l'intervista, e torneremo sull'argomento in un prossimo appuntamento.

Se pensiamo di non avere raccolto ancora abbastanza dati, possiamo fare qualche domanda ulteriore per comprendere, almeno a grandi linee, come è suddiviso il suo portafoglio (*es. "Sig. Rossi, comprendo la sua titubanza a fornirmi dettagli sulla sua situazione finanziaria, in effetti ci stiamo conoscendo adesso"* stiamo dicendo alla sua parte emozionale che più avanti, quando si fiderà di noi, sarà disponibile a fornirci le informazioni richieste *"Vorrei però capire in che tipo di strumenti finanziari sta già investendo. Il suo portafoglio è prevalentemente obbligazionario?"* Ci dirà se ha anche delle azioni. *"Preferisce investire in titoli singoli?"* Capiremo se investe anche in fondi, etc.).

In questa fase del colloquio conoscitivo, il cliente può farci delle "domande ipotetiche" che, spesso, hanno un fondo di verità e ci forniscono degli indizi importanti per sviluppare la nostra proposta:

- Cliente: *"Mi faccia una proposta su un eventuale patrimonio di cento mila euro"*.

  E' molto probabile che realmente abbia questa cifra disponibile da investire o da trasferire da un altro istituto bancario;

- Cliente: *"Se trovassi una casa in montagna come piace a mia moglie e accendessi un mutuo con la sua banca, potrei estinguerlo anticipatamente senza costi?"*

  Nel porci questa domanda, il cliente ci ha fornito quattro indizi:

1. Probabilmente ha già individuato la casa da comprare;

2. E' interessato ad un mutuo;

3. La moglie ha potere decisionale. Cerchiamo quindi di coinvolgerla durante l'appuntamento in cui presenteremo la nostra proposta, se non vogliamo un *"Ne parlo con mia moglie"* come risposta;

4. Se non nell'immediato, in un prossimo futuro avrà liquidità disponibile.

2.b.6. La chiusura per fissare l'appuntamento di ritorno

Durante l'intervista, se abbiamo lavorato bene, abbiamo raccolto tutti i dati utili a formulare una proposta di investimento. Per avere un secondo appuntamento, dobbiamo portare il cliente a pensare e a dire *"Mi interessa"*.

Come fare?

L'espressione "non vincolante/senza impegno" può essere un aiuto:

Es. *"Sig. Rossi, ora che ho compreso le sue necessità personali e finanziare, le chiedo qualche giorno per"*:

1. *"Potere analizzare la sua situazione finanziaria e farle una proposta di investimenti"*, se ci ha fornito copia dell'estratto titoli;

2. *"Potere valutare i dati che ho raccolto in questo nostro incontro e proporle la soluzione adatta alle sue necessità"*, se non ci ha permesso di conoscere gli investimenti in essere.

Termineremo la frase dicendo: *"La mia proposta non sarà comunque impegnativa. La analizzeremo insieme e potrà valutare se la riterrà interessante"*.

A questo punto della trattativa, bisogna "stringere" il cliente per fissare l'appuntamento di ritorno, escludendo un *"Ci devo pensare"* che potrebbe farci perdere la possibilità di un nuovo incontro.

Apriremo quindi la nostra agenda e, scorrendo i giorni della settimana, in base agli orari disponibili, proporremo due opzioni di scelta (es. *"Dott. Rossi, le va bene se ci rivediamo martedì' alle 15, oppure preferisce venerdì in tarda mattinata?"*).

In questa situazione è importante aiutarsi con un po' di psicologia: anche se non abbiamo appuntamenti già fissati per la prossima settimana, prima di incontrare il cliente, dobbiamo segnarne alcuni a matita. Daremo così la sensazione di essere impegnati e di avere molti clienti.

Questa strategia porterà il cliente a pensare che siamo bravi e tornerà a sentire la nostra proposta.

Se abbiamo condotto bene questa prima parte della trattativa, fisseremo il nostro appuntamento di ritorno.

2.c. L'appuntamento di ritorno

Da come gestiamo questo colloquio dipende l'esito della trattativa.

Durante questo secondo incontro, oltre ad esporre una proposta finanziaria completa e adeguata alle esigenze del cliente, dobbiamo essere pronti a rispondere alle obiezioni, che non sempre sono razionali.

Anche in questa situazione bisogna ricordarsi di:
- Comunicare in modo corretto, sia verbalmente, sia tramite la postura del nostro corpo e del nostro viso;
- Fare delle pause durante la spiegazione della nostra proposta, per monitorare l'attenzione e la comprensione del cliente;
- Controllare la comunicazione non-verbale del cliente;
- Conoscere, se ci sono, i punti deboli della nostra proposta;
- Anticipare le obiezioni, preparandoci bene al colloquio.

Dopo avere accolto il cliente con un sorriso e una stretta di mano, anche in questo secondo incontro è utile iniziare il discorso con un'introduzione di riscaldamento, definita "rottura del ghiaccio". Ci si potrà agganciare a una notizia particolare che abbiamo ascoltato durante il primo appuntamento (es. *"Buongiorno sig. Rossi, come sta? Ha avuto modo di sfruttare la sua barca in questo bel fine settimana di sole?"*), piuttosto che utilizzare domande generiche di cortesia (es. *"Buongiorno sig. Rossi, come sta? Ha passato una buona settimana?"*).

Dopodiché, quando il cliente si è rilassato e ci siamo assicurati che non ci siano elementi di disturbo (cellulare spento, porta dell'ufficio chiusa, monitor del computer che non interferisce tra noi e il cliente, etc.), possiamo iniziare la presentazione della nostra offerta.

2.c.1. La presentazione dell'offerta

Sarà utile fare comprendere al cliente che abbiamo studiato questo piano di investimenti "appositamente per lui", anche se nel primo incontro abbiamo abilmente detto che la proposta non è vincolante.

Rendersi conto che gli abbiamo dedicato il nostro tempo e le nostre capacità, renderà il cliente orgoglioso ma, nello stesso tempo, si sentirà in dovere di ascoltarci e valutare seriamente il lavoro che gli presentiamo.

Inizieremo il colloquio ricordando al cliente quali sono le sue necessità emerse nel primo incontro.

- Il cliente è molto impegnato (es. *"Sig. Rossi, come mi diceva la settimana scorsa, non ha molto tempo per monitorare i suoi investimenti. Proprio per questo, la mia proposta prevede una parte di portafoglio investita in fondi comuni, deve il gestore del fondo si occupa di modificare la composizione del portafoglio investito in base all'andamento dei mercati. Può stare tranquillamente in azienda e dedicarsi al suo lavoro, mentre un esperto professionista si occupa del suo capitale"*);
- Il cliente ritiene di pagare troppe commissioni (es. *"Sig. Rossi, la nostra Gestione Patrimoniale è la soluzione più indicata per farle risparmiare delle spese, perché non dovrà aprire un deposito titoli, ma collegheremo la gestione ad un conto corrente dedicato senza spese di gestione"*);
- Il cliente non si sente seguito dalla sua banca (es. *"Sig. Rossi, avere un consulente che si occupa del suo patrimonio le eviterà di recarsi in banca e fare la coda allo sportello titoli; sarò io a contattarla periodicamente per rivedere insieme il*

suo portafoglio di investimenti, e la chiamerò ogni volta che i mercati richiederanno una modifica dell'asset finanziario");

- Il cliente ha difficoltà a recarsi in banca durante gli orari di apertura (es. *"I nostri appuntamenti sono fissati in base alle sue disponibilità di tempo e non dovrà limitarsi agli orari di apertura degli sportelli bancari"*).

A supporto del nostro discorso, è utile preparare degli schemi, lucidi o brochure, che possano rafforzare la nostra proposta. Il cliente, infatti, spesso si domanda se possiamo dimostrare quanto stiamo dicendo.

Se la proposta prevede varie tipologie di investimento, dovremo:

- Spiegare i vari prodotti in modo tecnico ma comprensibile;
- Dimostrare la nostra conoscenza dell'argomento senza "aggredire" il cliente, spaventandolo con termini o grafici complessi;
- Sottolineare i benefici che il cliente potrà avere in termini di rendimento, facilità di vendita se necessario, poche spese di gestione, etc.

Comportamenti da evitare:

- Esporre la proposta in maniera veloce, senza spiegare termini finanziari e prodotti suggeriti, dando per scontato che il cliente abbia delle conoscenze tecniche;
- Iniziare le domande con una negazione (es. *"Non trova, sig. Rossi, che questa proposta risponda alle sue necessità?"*), perché spinge a dare una risposta negativa.

2.c.2. L'analisi del portafoglio esistente

Se nel primo incontro siamo riusciti ad avere una copia della attuale situazione finanziaria, questi dati ci saranno di aiuto per sottoporre una proposta migliorativa o che vada a coprire le aree attualmente non considerate (es. previdenza, riserva, etc.).

Conoscere la concorrenza può aiutarci a formulare un piano di investimenti più adatto alle esigenze del cliente.

Non bisogna, però, esprimersi in maniera negativa rispetto alla situazione in essere o all'altra banca/professionista. Un parere negativo rispetto alla situazione attuale equivale, infatti, ad esprimere di riflesso un'opinione negativa nei confronti del cliente che ha sottoscritto la proposta precedente o che, peggio ancora, ha fatto direttamente delle scelte di investimenti. Questo nostro comportamento farebbe sentire il cliente attaccato: mettendosi sulle difensive si chiuderebbe anche nei nostri confronti.

Inoltre, in futuro potrebbe capitarci di cambiare banca e volere quindi trasferire i portafogli che gestiamo presso il nuovo intermediario: come potremmo convincere un cliente a seguirci in un istituto di cui abbiamo parlato male precedentemente?

L'atteggiamento migliore sarà, quindi, quello di complimentarci per le scelte effettuate fino ad oggi e, con la situazione alla mano, spiegare al cliente quali sono le modifiche che proponiamo e perché (es. *"Vede sig. Rossi, questo titolo obbligazionario è stato acquistato al prezzo di 95, cioè a un prezzo di mercato sotto la pari e ora, invece, ha un valore di 107. Avvicinandosi alla scadenza, ogni titolo tende a tornare al valore di emissione, cioè a 100. Questo significa che, se non vende presto, rischia di perdere il beneficio che otterrebbe se liquidasse oggi la posizione. Potrei cercarle un nuovo titolo interessante, per reinvestire il capitale e monetizzare il guadagno"*).

In questo modo portiamo il cliente a farsi delle domande:

- Perché la mia banca non mi ha suggerito questa vendita?
- Si occupano davvero di monitorare i miei investimenti?
- Posso guadagnare di più se seguo i consigli di questo nuovo referente?

2.c.3. La gestione delle obiezioni

L'obiezione è un'opposizione a un concetto, definita come "opinione contraria".

Anche il miglior cliente, prima o poi, risponderà alla nostra proposta con qualche obiezione.

Non va considerata sempre come una manifestazione negativa: spesso, infatti, può esprimere un dubbio o la richiesta di un chiarimento che, una volta spiegato, può portare la trattativa a un esito positivo.

Se è gestita in modo professionale, un'obiezione può trasformarsi in un'opportunità per conoscere meglio il pensiero del cliente e, quindi, può permetterci di migliorare la nostra efficacia nella trattativa.

Difficilmente troveremo un cliente che non obietta nulla in una trattativa, anche solo, ad esempio, per spuntare delle condizioni favorevoli.

Nel preparare l'appuntamento di ritorno, dovremo tenere ben presenti le possibili obiezioni del cliente: sapere cosa e come rispondere, sarà un punto a nostro vantaggio.

L'obiezione può essere *razionale* o *emotiva*.

Caratteristiche di un'obiezione *razionale*:

- Il cliente cerca di avere delle condizioni migliori;
- Una parte della nostra proposta non risponde alle necessità;
- Non abbiamo spiegato bene alcuni dettagli e abbiamo creato dei dubbi;
- Il cliente non ritiene che la nostra proposta sia vantaggiosa;
- Il cliente non vuole cambiare banca.

Caratteristiche di un'obiezione *emotiva*:

- Non siamo riusciti a creare un "bisogno";
- Non abbiamo trasmesso fiducia;
- Il cliente vuole maggiore attenzione;
- Il cliente si è sentito aggredito dal nostro modo di gestire la trattativa;
- Il cliente ha accettato l'incontro solo per curiosità.

Come rispondere alle obiezioni?

Il detto "Il cliente ha sempre ragione", anche se non è sempre corretto, non va mai dimenticato!

Di fronte a un'obiezione, emotiva o razionale, non bisogna mai andare in contrasto con il cliente. Dobbiamo rispondere alle obiezioni con gentilezza e decisione, senza mostrarci remissivi o insicuri.

Come possiamo gestire le obiezioni?

- Rispondere a un'obiezione con una frase che ci mostri d'accordo con il cliente (es. *"Capisco i suoi dubbi, al suo posto anch'io vorrei essere certo di avere ben compreso prima di prendere una decisione")* può aumentare la sua disponibilità all'ascolto;
- Ascoltare con attenzione;
- Parlare con calma per trasmettere sicurezza;
- Non interrompere il cliente, anche se riteniamo l'obiezione priva di logica;
- Non contestare il cliente con risposte "secche" (es. *"Non è vero"* o *"Si sbaglia")* perché, dicendogli che ha torto, lo spingiamo a mettersi maggiormente sulle difensive;
- Se il cliente oppone una serie di obiezioni, è meglio rispondere alla più facile e riportare il discorso su un argomento a noi favorevole (es. *"Ha notato, sig. Rossi, che non applichiamo commissioni di gestione sul deposito titoli?"*);
- Non cercare di avere sempre ragione: a volte dare una soddisfazione "apparente" al cliente, dicendo *"Lei ha*

ragione", può fare dimenticare altre obiezioni a cui non abbiamo risposto e permetterci di continuare la trattativa;

- Se è possibile, cercare la risposta all'obiezione facendo alcune domande al cliente: *"Cosa le crea questo dubbio?"*, oppure *"Quali esperienze con investimenti in gestioni patrimoniali le hanno fatto dubitare della validità del prodotto?"* (se siamo riusciti ad avere le informazioni sulle sue abitudini finanziarie durante l'intervista, per esempio, potremmo avere capito che in realtà non ha mai investito in gestioni patrimoniali, perciò si tratta di un'obiezione emotiva, dettata dalla non-conoscenza dello strumento);

- Cerchiamo di trasformare l'obiezione in un'opportunità:
  Cliente: *"Con questa obbligazione i miei soldi sono vincolati per cinque anni"*
  Consulente: *"E' vero ma, come vede, ho predisposto una parte di liquidità per fronteggiare gli imprevisti. In questo modo, lei sarà tranquillo e permetterà ad una parte del suo capitale di avere un rendimento superiore rispetto alla scelta di titoli a breve scadenza. Avrà, inoltre, dei benefici anche se i tassi dovessero abbassarsi, ed è molto probabile che questa condizione si verifichi nei prossimi cinque anni"*;

- Se non abbiamo modo di smontare l'obiezione, cerchiamo di riformularla rendendola meno "grave", trasformandola in una domanda:

Cliente: *"E' troppo caro"*.

Consulente: *"Capisco, si sta chiedendo quali vantaggi giustificano delle commissioni di ingresso"* (possiamo quindi riprendere a spiegare i vantaggi del prodotto/piano finanziario in discussione);

- Se non siamo in grado di rispondere a un'obiezione, è meglio ammetterlo, delegando la risposta ad un soggetto diverso da noi:

Cliente: *"E' troppo caro"*.

Consulente: *"Non ho la facoltà di scontare ulteriormente le commissioni di ingresso, posso però chiedere una deroga alla Direzione. Se ottengo questo sconto, sottoscrive la proposta?"*).

2.c.4. La chiusura per la sottoscrizione del mandato

Quando abbiamo risposto a tutte le obiezioni del cliente, è arrivato il momento di "chiudere" la trattativa.

Questa è la fase più delicata, in cui bisogna spingere il cliente alla sottoscrizione del mandato (o all'apertura del conto corrente, piuttosto che alla firma della lettera per il trasferimento titoli depositati presso un altro istituto di credito).

Quali comportamenti possono portarci verso una conclusione positiva?

- Non forzare il cliente: un approccio aggressivo potrebbe compromettere tutto il nostro lavoro;

- Non essere troppo prolissi durante la trattativa: se il colloquio si protrae per troppo tempo, l'incontro per parlare di affari si trasforma in una chiacchierata, e difficilmente l'esito sarà positivo;

- Avere fiducia nelle nostre capacità: anche una trattativa difficile, se manteniamo la calma e trasmettiamo sicurezza, può concludersi positivamente;

- Avere una soluzione di riserva: se capiamo che la nostra proposta non convince il cliente, proporre un'alternativa può evitare un "no" (es. vorremmo trasferire da noi tutto il capitale investito presso un'altra banca, ma il cliente è titubante: è meglio proporre una "soluzione di prova" iniziando a spostare una parte del portafoglio. Il cliente sarà incuriosito dalla possibilità di avere un confronto con la sua attuale banca senza chiudere il rapporto in essere, e noi avremo tempo di ritornare sulla prima proposta di trasferimento totale dei suoi investimenti);

- Se il cliente risponde che anche la sua banca può offrire le stesse condizioni (che a oggi però non ha applicato, mantenendo le spese più alte), fare notare che noi stiamo offrendo in partenza una soluzione con poche spese, mentre la sua banca ha proposto una diminuzione solo nel momento in cui ha capito che stava perdendo un cliente: perché non l'ha fatto prima, se poteva?

Come si individua il momento giusto per "chiudere" la trattativa?

Non c'è uno schema preciso per comprendere quando è arrivato il fatidico momento.

Ci sono, però, alcuni atteggiamenti del cliente che ci possono aiutare:

- Il cliente pone alcune domande che trasmettono il suo reale interesse (es. *"In quanto tempo sarebbero eventualmente trasferiti i miei titoli presso il vostro istituto di credito"*, oppure "S*e le portassi i documenti da visionare, in quanto tempo potrei avere la delibera per il mutuo"?*);
- Il cliente legge con interesse il materiale informativo che gli abbiamo fornito a supporto della spiegazione della nostra proposta;
- Il cliente ha una postura rilassata sulla sedia e annuisce mentre esponiamo la proposta finanziaria.

2.c.5. L'accettazione della proposta, il rinvio o il rifiuto

Quali sono i possibili esiti della trattativa?

1. Accettazione della proposta;
2. Rinvio;
3. Rifiuto.

Come gestire queste tre possibilità?

1. Accettazione della proposta.

E' l'esito che ogni consulente si augura di ottenere. Il cliente apprezza la nostra proposta, si fida di noi ed è disponibile a farci lavorare per lui. A questo punto ci sono una serie di documenti da firmare: l'atto della firma può creare nel cliente un momento di dubbio, perché concretizza quelle che, fino a quel momento, erano solo delle parole.

Anche in questo momento dobbiamo:

- Non avere fretta;
- Assistere il cliente, spiegando cosa sta firmando;
- Verificare l'esatta compilazione della documentazione: non sarebbe professionale richiamare il cliente perché mancano delle firme o alcune parti sono incomplete;

- Consegnare al cliente le sue copie dei contratti o, in alcuni casi, spiegare che riceverà a casa i moduli di conferma delle operazioni effettuate;
- Dedicare alcuni minuti ai saluti, ringraziando il cliente per la fiducia senza essere troppo affettati (anche se fosse il nostro primo appuntamento andato a buon fine, il cliente deve sempre pensare che siamo professionisti competenti e che è fortunato ad averci come consulenti).

2. Rinvio

Non sempre si riesce a chiudere una trattativa durante l'appuntamento in cui presentiamo la nostra proposta.
Il rinvio a un altro momento, spesso, si verifica quando:

- Stiamo trattando con un cliente molto importante, che manifesta in questo modo il suo esserne consapevole;
- La decisione definitiva viene presa da un altro soggetto (es. moglie o socio).

Nel rimandare l'incontro, è importante:

- Riepilogare i vantaggi della nostra proposta;
- Assicurarsi di avere chiarito ogni dubbio;

- Assicurarsi di avere risposto alle obiezioni;
- Verificare che al prossimo incontro siano presenti gli altri membri della famiglia/società che hanno potere decisionale;
- Fissare una data precisa per il successivo incontro (diventa un impegno "fisico" e "mentale" per il cliente);
- Se non riusciamo a fissare una data precisa, cercare di congedare il cliente dicendo *"La richiamerò la prossima settimana per sentire le sue disponibilità"*.

Cosa, invece, è meglio evitare:

- Arrenderci alla frase del cliente *"Ripasserò in banca nei prossimi giorni"*.
  Se lasciamo passare troppi giorni, il cliente, anche se interessato, potrebbe perdere entusiasmo e i punti di forza della nostra trattativa potrebbero diventare meno efficaci;
- Consegnare al cliente la nostra proposta.
  Se mostrata a un'altra banca, potrebbe essere utilizzata per ottenere condizioni migliori o "smontata" dalla concorrenza per non perdere il cliente. Se invece il cliente la vuole rivedere con chi ha potere decisionale, in famiglia o in azienda, dobbiamo puntare sul fatto che è preferibile che sia spiegata da noi per rispondere a ogni dubbio.

Daremo perciò la nostra disponibilità a recarci presso l'abitazione o l'ufficio del cliente per illustrare la proposta ad entrambi o a fissare un nuovo incontro in banca.

3. Rifiuto

Anche se abbiamo fatto del nostro meglio per soddisfare le richieste del cliente sottoponendo una proposta di investimenti interessante, possiamo ricevere un "no" come risposta.

Il rifiuto può avere varie cause:

- Non abbiamo suscitato "curiosità" nel cliente;
- Non siamo riusciti a fare emergere un "bisogno";
- Non abbiamo formulato una proposta interessante;
- Il cliente non ha mai avuto intenzione di cambiare banca, ma era semplicemente curioso di fare un paragone.

Dobbiamo comunque mantenere un comportamento professionale, senza trasmettere delusione o sfiducia nel nostro lavoro.

Un "no" non è necessariamente definitivo: potrebbero verificarsi degli eventi per cui il cliente decida, in futuro, di avvalersi della nostra figura professionale:

- Ha un'entrata finanziaria imprevista e decide di diversificare il patrimonio e "verificare" la nostra professionalità;
- Le condizioni favorevoli presso il suo istituto di credito variano, sia in termini di spese sia di assistenza;
- Il referente attuale cambia banca e il cliente non intende seguirlo, ma non vuole nemmeno affidarsi al nuovo operatore finanziario proposto in sostituzione.

Come possiamo affrontare un "no"?

L'atteggiamento migliore è quello di mostrarsi comunque disponibili nei confronti del cliente, proponendo di risentirsi, ad esempio, quando ci sono titoli in scadenza.

Non è detto che ci richiami il cliente, perciò sarebbe utile chiedere il permesso di segnare sull'agenda le scadenze degli investimenti, per poterlo contattare almeno una settimana prima, di modo che non abbia ancora potuto reinvestire il capitale in oggetto.

Se non abbiamo modo di "sfruttare" gli investimenti in essere (potrebbe non averci informato sulla situazione attuale), è importante riuscire a mantenere un contatto nel tempo con il cliente.

Come?

- Telefonando per gli auguri di Natale;
- Contattandolo se si verificano scenari di mercato molto particolari;
- Cercando di fissare un nuovo incontro a distanza di qualche mese;
- Invitandolo alla presentazione di un nuovo prodotto/partner finanziario.

Anche noi possiamo perdere un cliente che credevamo ben fidelizzato, potrebbe perciò capitare la stessa cosa ai nostri concorrenti.

Se saremo sempre stati cordiali e disponibili nel tempo, potremo essere la nuova scelta del cliente!

2.d. L'analisi del colloquio

Qualunque sia stato l'esito della trattativa, al termine dell'incontro è fondamentale fare un'analisi critica del nostro lavoro e compilare la scheda-visita e la scheda-cliente.

Questa abitudine permette di:

- Segnare i punti fondamentali dello sviluppo della trattativa, per rivederla in futuro e avere un confronto con i nostri colleghi (in caso di esito positivo possiamo essere d'esempio mentre, in caso di esito negativo, possiamo essere aiutati a comprendere dove siamo stati poco efficaci);

- Ricordarci le caratteristiche fondamentali del cliente, sia personali sia riferite a interessi finanziari o prossimi impegni economici, da riguardare prima degli incontri successivi.

2.d.1. L'esame dei risultati

La fase dell'analisi dei risultati è molto importante per l'attività lavorativa del consulente.

Per facilitarci nell'analisi, possiamo creare una scheda-valutazione, con delle domande precise a cui rispondere.

In questo modo applicheremo gli stessi parametri di verifica a ogni appuntamento, e potremo monitorare il miglioramento della nostra efficacia.

La nostra analisi dovrà considerare due aspetti:

1. La componente tecnica;
2. La componente psicologica.

Domande di verifica riferite alla componente tecnica:

- Ho rispettato lo schema della visita: apertura, presentazione banca, intervista con indagine finanziaria, chiusura?

- Avevo fissato un obiettivo preciso per l'incontro?

- Ho raggiunto l'obiettivo?

- Ho raccolto i dati necessari per elaborare una proposta corretta?

- Ho compreso le esigenze del cliente?

- Ho ascoltato in modo attivo?

- Sono stato ascoltato?

- Sono stato capito dal cliente?

- Ho risposto alle obiezioni?

- Ho chiarito i dubbi?

- Ho verificato se è il cliente che prende le decisioni, o se bisogna coinvolgere un terzo soggetto?

Domande di verifica riferite alla componente psicologica:

- Ho creato un ambiente adatto all'incontro: privacy, nessun elemento di disturbo "sonoro" o "fisico"?

- Mi sono proposto in modo positivo?

- Ero convinto delle mie capacità tecniche e comunicative?

- Ho controllato i messaggi della mia comunicazione non-verbale?

- Ho controllato i messaggi della comunicazione non-verbale del cliente?

- Sono stato troppo insistente?

- Sono stato troppo remissivo?
- Ho creato interesse nel cliente?

Nel rispondere a queste domande dovremo essere il più obiettivi possibili, specialmente nel caso in cui realizziamo di avere commesso degli errori che possono avere impedito il buon esito della trattativa.

Prendere atto delle nostre aree di miglioramento, è il primo passo per avere future contrattazioni positive.

2.e. Il post vendita

Il lavoro del consulente non si limita alla proposta di un piano finanziario, ma comprende:

- Assistenza al cliente;
- Monitoraggio dell'andamento del portafoglio;
- Proposta di modifiche in caso di cambiamenti dello scenario economico e finanziario;
- Controllo e gestione di eventuali disservizi del sistema, anche se non collegati direttamente alla nostra attività;
- Contatti per proporre nuovi prodotti;
- Appuntamenti mirati alla richiesta di *referals*.

2.e.1 L'appuntamento per il *feed back* di ritorno

Acquisito il nuovo cliente e portate a termine le operazioni finanziarie stabilite, dobbiamo scadenzare in agenda un appuntamento di "verifica soddisfazione".

Mantenere un contatto costante con il cliente ci permette di:

- Verificare se ci sono modifiche nella sua situazione finanziaria, sia in termini di prossime entrate che ci permetterebbero di proporre nuovi investimenti, sia in termini di uscite previste (es. un matrimonio di un figlio, l'acquisto di un'automobile o di un immobile) che potrebbero richiedere una modifica del piano finanziario o, peggio, il disinvestimento di una parte o dell'intero capitale investito;
- Controllare e prevenire eventuali "attacchi" della concorrenza.

2.e.2 L'appuntamento per la richiesta dei *referals*

Non dobbiamo dimenticare che un cliente soddisfatto può essere una fonte di pubblicità, e quindi aiutarci ad aumentare il nostro portafoglio gestito.

Bisogna fissare un appuntamento dedicato alla richiesta di referenze, possibilmente in una fase di mercato in cui gli investimenti del nostro cliente stanno ottenendo buoni risultati.

Come si sviluppa la trattativa per la richiesta di *referals*?

Il consulente deve:

- Prepararsi una buona "rottura del ghiaccio";
- Illustrare al cliente i rendimenti ottenuti, sottolineando i risultati positivi;
- Portare il cliente a "confermare" la sua soddisfazione.

Una volta ottenuta la conferma della soddisfazione del cliente, possiamo passare alla richiesta di referenze.

Chi possono essere i *referals*?

- Famigliari del cliente (fratelli, suoceri, cognati, etc.);
- Colleghi di lavoro;
- Amici;
- Persone che conosce, anche indirettamente, e che ritiene possano avere interesse verso la consulenza finanziaria;
- Professionisti a lui collegati (dentista, commercialista, avvocato, etc.).

Come chiedere le referenze?

La richiesta di referenze va fatta in maniera delicata ma sicura, come se fosse la cosa più naturale del mondo che un cliente soddisfatto "aiuti" un'altra persona ad avere gli stessi vantaggi.

Una frase adatta alla richiesta di *referals* può essere:
"Bene sig. Rossi, proprio perché lei ha avuto questi buoni rendimenti, le chiedo la possibilità di presentarmi per proporre la mia consulenza anche alle persone a lei vicine. Chi, tra i suoi famigliari, amici, colleghi o conoscenti, pensa potrebbe apprezzare e beneficiare di una proposta finanziaria personalizzata? Sicuramente ci saranno tra le sue conoscenze almeno tre persone che potrebbero essere interessate, ad esempio il suo socio, oppure il suo dentista o il suo commercialista?".

Per rafforzare la nostra frase è utile posizionare un foglio bianco sulla scrivania e, mentre parliamo, segnare tre punti sul foglio, nell'attesa di ricevere i nominativi dal cliente. Questa tecnica di comunicazione non-verbale spingerà anche un cliente indeciso a fornirci tre nomi.
Per convincere il cliente, possiamo continuare la frase dicendo:
"Se non lo gradisce, non farò il suo nome come referenza, ma dirò a suo cugino (al collega, al suocero, etc.) *che il nominativo mi è stato segnalato dalla società che per noi si occupa di ricercare nuova clientela"*.

Se possibile, cerchiamo di non farci rispondere "*Ne parlerò io alla prima occasione*", perché non avremo modo di verificare se viene realmente fatto e non potremo richiedere altri *referals* in futuro.

Se ben condotta, la trattativa per la richiesta di referenze aumenterà rapidamente il nostro portafoglio clienti.

Parte 2

LA PIANIFICAZIONE FINANZIARIA

CAPITOLO 1
ANALISI DEL RISCHIO

1. Introduzione

L'evolversi negli ultimi decenni dei mercati ha complicato l'attività dei consulenti finanziari.

Precedentemente, un addetto agli investimenti disponeva di pochi strumenti e prodotti da proporre alla clientela.

Ora le possibilità di investimento sono aumentate, e questo ha creato:

- Maggiore competitività tra gli addetti ai lavori;
- Più regole sul collocamento dei prodotti;
- Più regole sulla gestione della clientela.

Il consulente deve:

- Sapere comprendere e, a volte, anticipare gli scenari di mercato;
- Rispondere alle necessità del cliente;
- Proporre soluzioni in linea con le aspettative;
- Bilanciare il rapporto rischio/rendimento;

- Bilanciare il rapporto liquidità/investimenti a breve/medio/lungo termine;
- Proporre soluzioni finanziarie e assicurative;
- Offrire assistenza nel tempo.

Analizzare e studiare la teoria dei mercati è importante per creare un buon piano di investimenti.

Markowitz, premio Nobel per l'economia nel 1990, con la sua MPT (Modern Portfolio Theory) ha creato una guida per gli operatori finanziari.

I suoi concetti chiave sono:

1. Il rapporto rischio/rendimento;
2. Il mercato remunera solo il rischio sistemico;
3. La pianificazione finanziaria è fondamentale in un piano di investimenti.

Seguendo questi concetti, chi si occupa di consulenza finanziaria riesce ad essere efficace anche in un'ottica di investimento di lungo periodo, perché conosce il comportamento teorico dei mercati.

1.a Il concetto di rischio.

Il rischio può essere spiegato come *"la possibilità che non si verifichi un risultato atteso"* (nel caso finanziario, un rendimento).

Spesso, i clienti non ottengono il risultato sperato perché non conoscono, o sottovalutano, il concetto di rischio.

Ad esempio, vincolando un capitale in un investimento rischioso per avere un rendimento del 7%, il rischio è rappresentato dalla possibilità che il rendimento non raggiunga il risultato sperato, o si traduca addirittura in una perdita.
Questo evento negativo può verificarsi per diverse cause, prima tra tutte la mancata conoscenza delle caratteristiche dell'investimento effettuato.

Come si misura il rischio?
Tre concetti aiutano a misurare il rischio: *probabilità, valore atteso* e *variabilità.*

- *Probabilità*: è la misura del possibile verificarsi di un certo esito.

  E' legata a diversi fattori, come la quantità di eventi simili che si sono già verificati (probabilità oggettiva) o, in assenza di altri casi simili, le opinioni espresse da esperti del settore (probabilità soggettiva) che possono essere differenti a seconda dell'esperienza e delle conoscenze di chi le esprime;

- *Valore Atteso*: è un valore "di media", che somma il valore associato all'esito positivo a quello associato al fallimento, creando così un valore centrale;
- *Variabilità*: è la misura in cui differiscono i diversi esiti di un'operazione finanziaria. Considerando due titoli con la stessa remunerazione attesa, uno emesso da una società nuova (che ha quindi sia un'alta possibilità di successo che di fallimento) e l'altro emesso da una società presente da anni sul mercato, il secondo investimento si dimostra meno rischioso rispetto alla prima opzione.

1.b. Il rapporto rischio/rendimento

Perché un investitore si aspetta un rendimento da un investimento? Perché si priva della disponibilità del suo denaro per un certo tempo.

Il rendimento compensa il cliente del tempo in cui non ha potuto disporre del suo capitale.

Da questa risposta si capisce che: *"Maggiore è la durata dell'investimento, maggiore è il rendimento atteso"*.

Per questo motivo, gli investimenti con scadenze a lungo termine hanno rendimenti maggiori rispetto a quelli con scadenze a breve.

Ma non solo.

Il fatto che, a volte, l'investitore non possa riprendere il capitale, interamente o in parte, prima della scadenza, rappresenta un fattore che alza maggiormente il rendimento dell'operazione finanziaria. Inoltre, investire in Paesi con basso indice di valutazione, obbliga le Nazioni emittenti a offrire rendimenti superiori a quelli di Paesi con buoni *rating*.

1.c. Il rischio analitico e il rischio sintetico

Il rischio può essere *analitico* o *sintetico*.

- *Analitico*: il rischio viene spiegato dalla tipologia del titolo stesso, e si conosce anche prima di effettuare l'investimento (*rating, duration*);
- *Sintetico*: è il rischio che viene spiegato dopo avere effettuato l'investimento. Dipende da fattori che possono non essere prevedibili in anticipo (rischio emittente, rischio valutario).

1.d. Il rischio generico e il rischio specifico

Il rischio può essere *generico* o *specifico*.

- *Generico, o sistematico*: è il rischio che si riferisce alla crescita economica del mercato in un lasso di tempo, e viene remunerato dal rendimento del titolo;
- *Specifico*: è il rischio che dipende da fattori che non sono legati al mercato (es. per un'azione possono dipendere dalla sostituzione di un manager della società, dal valore di un brevetto o da un prodotto che il mercato non gradisce, fattori cioè che possono creare un andamento negativo del titolo). Questo rischio non viene "pagato" dal mercato, perché è possibile ridurlo o azzerarlo, seguendo la teoria della diversificazione di Markowitz.

Per il principio della diversificazione, investire un capitale in un'unica azione rappresenta un investimento più rischioso (alto fattore di rischio specifico) che investire lo stesso capitale in un fondo azionario.

Diversificando gli investimenti, infatti, il rischio specifico viene ridotto notevolmente, perché aumentano le potenzialità di crescita di diversi titoli e diminuisce l'incidenza sul capitale di una eventuale perdita di valore di un singolo titolo rispetto al paniere complessivo.

Suddividere il capitale in pochi titoli sottopone l'investimento a un rischio poco controllabile. Ci si assume una dose di rischio molto più elevata rispetto al rendimento atteso.

In questo caso il rischio diventa incertezza e l'incertezza, a differenza del rischio, non è un fattore calcolabile.

1.e. La *duration*

La *duration* rappresenta il tempo necessario per proteggersi dal rischio di perdite causate dalla variazione dei prezzi di mercato. Generalmente, è riferita ai titoli obbligazionari.
Si calcola considerando:

- La scadenza del titolo;
- Il rendimento del titolo;
- Il reinvestimento delle cedole.

A maggiore *duration* corrisponde maggio rischio.

Paragonando due o più titoli, avremo:

- A parità di condizioni, maggiore *duration* per il titolo con maggiore vita residua;
- Cedola più elevata, minore *duration*;
- Maggiore rendimento di mercato, minore *duration*.

Le obbligazioni con cedola hanno sempre *duration* inferiore alla vita residua del titolo, mentre per gli Zero Coupon (titoli senza cedola, come i Bot) la *duration* coincide con la vita residua.

La *duration* è un indice da tenere in considerazione per strutturare un portafoglio dinamico:

- Se si prevedono ribassi dei tassi di interesse, è meglio acquistare titoli con *duration* elevata (i titoli più sensibili alla variazione dei prezzi sono anche quelli che possono avere guadagni maggiori);
- Se si prevede un rialzo dei tassi di interesse, è preferibile scegliere titoli con *duration* bassa (sono meno sensibili alle variazioni e perciò potenzialmente perdono meno).

1.f. Rischio di liquidità

La liquidità, per un titolo, rappresenta la possibilità di vendita sul mercato ad un buon prezzo di realizzo.

- Più un titolo è liquido, più è possibile venderlo velocemente;
- Meno un titolo è liquido, più difficile sarà la vendita, con il rischio di dovere abbassare il prezzo per potere realizzare l'operazione.

Un titolo può essere venduto:

- A scadenza;
- Prima della scadenza.

La liquidità è un parametro importante in un portafoglio di investimenti, in quanto spesso i titoli vengono venduti prima della scadenza naturale.

Una buona liquidità, perciò, rappresenta una buona possibilità di vendita.

Perché un titolo può essere venduto con difficoltà?

- C'è troppa differenza tra prezzo-lettera (acquisto) e prezzo-denaro (vendita);
- Non c'è scambio del titolo sul mercato.

Se si verifica una mancata vendita, l'investitore deve:
- Rinunciare a vendere il titolo, modificando perciò l'orizzonte temporale preventivato;
- Abbassare il prezzo, diminuendo il guadagno o, a volte, realizzando una perdita.

Cosa influenza la liquidità di un titolo?

- Il quantitativo emesso (più titoli sono presenti sul mercato, più facile sarà la loro negoziazione);
- La quotazione su un mercato regolamentato (aumenta la liquidità di un titolo).

Come si verifica la liquidità di un titolo?

- Rapportando la capitalizzazione del titolo (prezzo per quantitativo emesso) alla capitalizzazione del mercato di riferimento;
- Verificando il controvalore degli scambi giornalieri rispetto alla capitalizzazione;
- Dividendo la differenza tra il valore di acquisto e quello di vendita per il prezzo-lettera (se vogliamo acquistare) o il prezzo-denaro (se vogliamo vendere), ottenendo un indice in percentuale.

1.g. Rischio valutario

Il rischio valutario, o rischio di cambio, è legato alla variazione della valuta in cui è emesso il titolo.
Il rendimento degli investimenti in valuta è influenzato da:

- Tasso di interesse (fisso o variabile);

- Variazione del prezzo di emissione;
- Variazione del rapporto tra l'Euro e la valuta in cui è emesso.

Se, ad esempio, un titolo subisce un aumento del 10% rispetto al prezzo di emissione ma, contemporaneamente, si verifica una svalutazione del 10% nei confronti dell'Euro, il guadagno per l'investitore si azzera (senza considerare la perdita causata dai costi di negoziazione).

Con scenari di mercato diversi, potrebbe anche verificarsi una perdita sia sul fronte prezzo di emissione che cambio valutario, oppure un guadagno su entrambi i parametri.

Nell'inserimento di investimenti in valuta in un portafoglio, è importante perciò considerare:

- Il *rating* del titolo scelto;
- La valuta in cui è emesso il titolo.

1.h. La deviazione standard o volatilità

La deviazione standard, o volatilità, è l'indicatore di rischio più utilizzato nell'analisi finanziaria. Rappresenta la tendenza di un rendimento ad oscillare intorno al rendimento medio, ne indica cioè l'ampiezza dell'oscillazione: grazie a questo indice, l'investitore può avere un'idea della possibilità di guadagno, o di perdita, di un investimento.

Maggiore è la volatilità di un titolo, maggiore è l'incertezza sul rendimento.

Per essere calcolato, questo indice si basa sulla serie storica di prezzi/rendimenti di una certa attività finanziaria.
Il passato non rappresenta con assoluta certezza il rendimento futuro di un investimento ma, se ci basiamo sul comportamento storico di un titolo, possiamo avere dei buoni indicatori da seguire per fare delle proiezioni.

La volatilità viene espressa in percentuale, così come il rendimento di cui misura la dispersione, ed è quindi semplice fare dei confronti.
Se, ad esempio, un fondo di investimento ha un rendimento medio annuo del 10% e una *volatilità* annua del 22%, potremo aspettarci nel futuro un rendimento compreso tra -12% e + 32%.
Abbiamo in questo modo assegnato un valore concreto al concetto di rischio.

1.i. Il *VaR* (Value-at-Risk)

Il *VaR* (Valore a Rischio) è un indicatore utilizzato per valutare la perdita di un titolo, o di un portafoglio, in seguito a un movimento sfavorevole dei prezzi di mercato in un certo periodo di tempo.

La caratteristica specifica di ogni investimento racchiude già in sé il grado di rischio di una possibile perdita, legata alle variazioni di mercato.

I Bot sono titoli meno rischiosi rispetto ai Btp che, a loro volta, sono meno rischiosi di un titolo azionario: avranno perciò dei *VaR* differenti.

Il metodo *VaR* risponde alla domanda: *"Quanto rischio di perdere con una probabilità del 5%?"*

Il *VaR* aumenta al diminuire delle probabilità, perché perdite piccole hanno più possibilità di verificarsi rispetto a forti perdite (es. considerato un portafoglio di centomila Euro nel tempo di una settimana, ho il 5% di possibilità di perdere almeno due mila Euro e l'1% di probabilità di perderne almeno quattro mila).

Non si calcola una cifra precisa, ma si rappresenta la possibilità di perdita di "almeno" un valore, che potrebbe aumentare se si verificano situazioni di mercato peggiori rispetto a quelle previste.

Il metodo *VaR* più conosciuto è il *J.P.Morgan RiskMetric System*, creato su richiesta del Presidente di J.P.Morgan per avere quotidianamente la stima della possibilità di perdita del patrimonio gestito dalla sua banca.

Il *RiskMetric System* calcola i rischi di mercato di portafogli in strumenti a reddito fisso, azioni, beni, valute e derivati, negoziati in 30 Paesi del Mondo,

Questo sistema è diventato un punto di riferimento per gli operatori finanziari e permette di avere:

- Maggiore trasparenza sui rischi di mercato;
- Possibilità di comparare i rischi di diversi portafogli;
- Creare un accantonamento per fronteggiare eventuali perdite.

Per calcolare il *VaR* si usano due parametri:

- L'*holding period* (orizzonte temporale): generalmente si considera il periodo necessario per liquidare sul mercato l'investimento (per il calcolo corretto del *VaR*, è importante che il portafoglio non sia variato durante il periodo di riferimento);
- Il *livello di confidenza*: è una percentuale che generalmente varia tra il 95% e il 99%.

  Più una banca è contraria al rischio, più verrà scelto un livello di confidenza vicino al 99%.

CAPITOLO 2
L'ASSET ALLOCATION

2. L'*asset allocation*

L'*asset allocation* è la pianificazione finanziaria di un portafoglio di investimenti.

E' una strategia mirata a proteggere il capitale dell'investitore dai rischi di mercato, dagli abbagli dei rendimenti facili e dall'emotività dettata dalle variazioni negative del mercato.

Prima ancora che su basi tecniche, si fonda sull'analisi psicologica che il consulente deve fare al cliente, identificando:

- Obbiettivi;
- Bisogni finanziari;
- Età;
- Nucleo familiare;
- Capacità di risparmio;
- Propensione al rischio.

Un'*asset allocation* corretta rispecchia il rapporto rischio/rendimento che il cliente è disposto a sopportare e risponde alle esigenze finanziarie rilevate durante il colloquio con l'investitore.

A maggior possibilità di rendimento corrisponde un maggior rischio: è perciò fondamentale conoscere gli obiettivi del cliente e la sua propensione al rischio.

Il rischio, infatti, è un concetto oggettivo ma anche soggettivo: dipende dalla competenza e dalle abitudini del cliente in materia finanziaria.

Per un investitore abituato ad acquistare solo Bot, anche un titolo obbligazionario può essere uno strumento rischioso, mentre un cliente abituato ad investire in azioni sarà più abituato a reggere emotivamente variazioni negative di prezzi e, di conseguenza, una diminuzione temporanea del valore del suo capitale.

Per il cliente è importante che la pianificazione finanziaria proposta tenga conto:

- Delle necessità finanziarie;
- Delle aspettative di rendimento;
- Della propensione al rischio;
- Del reddito;
- Degli impegni economici previsti;
- Degli imprevisti;
- Dell'orizzonte temporale.

2.a. I principi *dell'asset allocation*

La pianificazione finanziaria prevede:

- La suddivisione del portafoglio in *asset classes* (gruppi di titoli/investimenti che abbiano lo stesso rapporto rischio/rendimento). Ogni classe, infatti, reagisce in maniera differente alle variazioni di mercato;
- La diversificazione degli investimenti.

Generalmente, le tre *asset classes* di riferimento per un portafoglio bilanciato sono:

1. Liquidità;
2. Obbligazioni;
3. Azioni.

La parte più complessa della Pianificazione Finanziaria è:

- Identificare per ogni *asset class* il titolo con maggiore rendimento (*stock picking*);
- Sapere quando "muovere" il capitale nei vari mercati di riferimento, bilanciando gli investimenti (*market timing*).

I due momenti fondamentali per una buona *asset allocation* sono:

- L'inizio della Pianificazione Finanziaria (Start up), con la creazione di un portafoglio che risponda alle esigenze del cliente;
- Le fasi di verifica e il ribilanciamento periodico del portafoglio.
  Le variazioni positive o negative di mercato, il reinvestimento delle cedole di titoli obbligazionari, la scadenza di un investimento etc., possono sbilanciare le percentuali delle *asset classes* stabilite inizialmente.

In cosa sussiste la diversificazione?

Si può diversificare un portafoglio per:

- Tipologia di titolo (azioni, obbligazioni, fondi comuni di investimento, etc.);
- Area geografica di investimento (Paesi emergenti, Paesi conservativi, etc.);
- Settore economico (New Economy, Utilities, etc.);
- *Rating* (valutazione del Paese emittente);
- Valuta.

Come si può impostare una buona Pianificazione Finanziaria?

Le competenze finanziarie, la diversificazione tra prodotti e stili di investimento e un'approfondita analisi dei mercati da parte del gestore/consulente, permetteranno all'investitore di ottenere dei buoni rendimenti, mantenendo la protezione del capitale.

I rendimenti economici sono ciclici.

Analizzando lo storico dei rendimenti, si rileva che le obbligazioni hanno un rendimento superiore agli strumenti di liquidità e che le azioni, in un investimento a lungo termine, rendono di più di un investimento in obbligazioni. Le azioni, infatti, tendono a perdere valore più velocemente rispetto alle obbligazioni o ai titoli di Stato, ma è anche vero che, in una fase di ripresa economica, rispondono prima alle variazioni positive di mercato.

Bisogna tenere conto dell'orizzonte temporale di riferimento di ogni *asset class,* e ricordarsi che, al verificarsi di eventi economici imprevisti (es. crisi economiche) l'orizzonte temporale di alcune tipologie di investimento (azioni, fondi azionari, gestioni patrimoniali, etc.) può allungarsi, passando, ad esempio, dai 5/7 anni di riferimento anche a 7/10 anni.

Un altro elemento fondamentale per la pianificazione finanziaria è la *correlazione* che può esserci fra tipologie di investimento.

E' meglio inserire nel portafoglio strumenti che non siano correlati, cioè che non reagiscano nella stessa maniera alle variazioni di mercato, di modo da proteggere il più possibile il capitale dal rischio di perdite (es. alcuni Paesi, come America ed Europa, tendono ad essere correlati tra loro, pertanto investire un patrimonio in questi due Paesi potrebbe esporre il capitale a perdite maggiori di quelle preventivate, rispetto invece ad una suddivisione tra Europa e Paesi Emergenti che hanno reazioni indipendenti alle variazioni di mercato).

L'*asset allocation* può essere:

- *Strategica*, perché lavora anche su *asset classes* con orizzonti temporali lunghi;
- *Tattica,* perché la composizione delle varie *asset classes* può essere modificata in seguito a variazioni repentine di mercato;

2.b. Stili di gestione

La pianificazione finanziaria, personalizzata in base alle esigenze del cliente, può avere diversi stili di gestione. Deve essere sempre monitorata e, eventualmente, modificata in base:

- Alle variazioni delle necessità del cliente;
- Alle variazioni degli scenari di mercato.

Lo stile di gestione può essere *attivo* o *passivo*:

- *Attivo*, quando ricerca profitti superando il rendimento del *benchmark* di riferimento.

  Per raggiungere questo risultato, il gestore non si fida solo del mercato, ma si basa su dati storici, economici e su "sensazioni" proprie, che derivano dalla sua esperienza e da informazioni che può interpretare in maniera diversa rispetto ad altri professionisti.

  Questo stile di gestione del patrimonio, tipico dei fondi comuni di investimento, si basa sull'analisi dei titoli disponibili sul mercato, che il gestore può considerare sotto o sopravvalutati, e perciò vengono fatte spesso operazioni di *trading* per "sfruttare" le situazioni dei vari mercati e anticiparne i movimenti, ricercando risultati migliori di quelli offerti dal paniere di riferimento. Tenendo sempre il paniere del *benchmark* come riferimento, il gestore cerca di trovare nel mercato corrispondente quali sono i titoli che ritiene più performanti. I titoli presenti nel suo portafoglio saranno spesso sostituiti per seguire le prospettive dell'andamento del mercato e delle società, arrivando fino al

70-80% di rotazione dei titoli in un anno (in America, invece, i fondi attivi arrivano anche ad avere una rotazione del 90% dei titoli in portafoglio). E' evidente che la capacità di scelta del gestore influenza notevolmente l'andamento del portafoglio di cui si occupa, ed è per questo motivo che, al cambio di società per cui lavora un gestore, è spesso collegata una possibile variazione di rendimento del fondo di investimento;

- *Passivo*, quando replica il *benchmark* di riferimento, utilizzando i titoli disponibili sul mercato.

L'obiettivo è quello di replicare il portafoglio di riferimento con dei costi minori. Il gestore che segue questa strategia si fida del mercato, cerca di acquistare e mantenere in portafoglio i titoli per minimizzare le spese di negoziazione. Non vengono quasi mai fatte operazioni di *trading* e si mantiene la composizione del portafoglio uguale a quello del *benchmark*, per non esporre il capitale del cliente a rischi maggiori rispetto a quelli del mercato. In questo stile di gestione non è così importante avere un team di analisti che valutino quali titoli acquistare e che facciano analisi di previsione dei mercati.

Il gestore può anche mixare questi diverse tipologie di gestione, per cercare di ridurre al minimo il rischio di perdite finanziarie e per avvicinarsi il più possibile alle aspettative del cliente.

2.c. *Market timing e security selection* (o *stock picking*)

Il *market timing* rappresenta le tecniche che permettono al consulente/gestore (o anche all'investitore) di individuare il momento di entrare, ed uscire, dai mercati finanziari.

Il momento in cui si decide di acquistare, o disinvestire, un prodotto finanziario, è fondamentale per il rendimento del capitale.

Il *market timing* è utilizzato nella gestione dinamica del portafoglio, in cui il gestore "muove" il capitale seguendo le previsioni dell'andamento dei mercati.

Più l'orizzonte temporale è breve, più sarà decisiva per il rendimento la tempistica di acquisto o vendita degli investimenti.

Se è previsto un periodo di rialzi (toro), il gestore aumenta il Beta del portafoglio:

- Diminuisce la percentuale investita in titoli a reddito fisso;
- Aumenta l'esposizione del capitale sui mercati azionari;
- Acquista opzioni e *future* sugli indici di borsa.

Se, invece, è previsto un periodo di ribassi (orso), il gestore cercherà di proteggere il capitale diminuendo il Beta di portafoglio:

- Aumenta la percentuale di titoli a breve scadenza;
- Aumenta i titoli a reddito fisso;
- Aumenta la liquidità;
- Aumenta la percentuale azionaria con Beta basso (azioni con una buona cedola, che non subiscono forti variazioni al modificarsi dei mercati);
- Vende le azioni con Beta alto;
- Vende le opzioni e i *future* sugli indici di borsa.

Il Beta di portafoglio è un indice che rappresenta la capacità del capitale di reagire in maniera positiva, o negativa, al variare dell'andamento dei mercati.

Più è alto, maggiore sarà l'impatto sul capitale delle oscillazioni di mercato.

Spesso, il tentativo di anticipare l'andamento del mercato non ottiene i risultati sperati. E' difficile, se non quasi impossibile, calcolare con esattezza quale è il giorno giusto per acquistare o vendere un titolo.

Una flessione di mercato non rappresenta necessariamente l'inizio di un periodo di forti ribassi, ma potrebbe essere solo una giornata di prese di beneficio.

Allo stesso modo, come possiamo individuare il giorno in cui un titolo torna a salire dopo un periodo di ribassi?

A volte un forte ribasso è seguito da un'altrettanta rapida ripresa, ma se abbiamo disinvestito il portafoglio, potremmo non riuscire a beneficiare del recupero dei prezzi nel tentativo di riposizionarci sul mercato.

Se si considera l'andamento storico dei mercati nel tempo, specialmente di quelli azionari, si nota che le fasi di discesa sono sempre state presenti, a seguito di fattori politici o economici, ma sono poi state seguite da recuperi.

Con una corretta pianificazione finanziaria e con il giusto orizzonte temporale, molto spesso, un investimento mantenuto anche in fase di ribassi ha "perso meno" rispetto a un capitale soggetto a continue vendite e reinvestimenti.

Un'altra strategia finanziaria che può aiutare nella gestione del capitale è la *security selection* (o *stock picking*), che rappresenta, a parità di rischio, la scelta di titoli sottovalutati rispetto a titoli sopravvalutati dal mercato.

Il gestore, per effettuare questo tipo di analisi, deve conoscere a fondo il bilancio delle società in cui intende investire e la situazione macro economica del settore di riferimento.

2.d. Gestione *value* e *growth*

Per una corretta gestione di un portafoglio nei mercati azionari, è fondamentale conoscere la diversità di mercato in cui operano le società.

Lo stile di gestione può essere di tipo *value* oppure *growth*.

Le società identificate con lo stile *value*:

- Operano in mercati solidi, associati all' *Old Economy*;
- Hanno fatturati costanti;
- Hanno un bassa volatilità;
- Puntano sulla distribuzione dei dividenti.

Le società che rientrano nello stile *growth*:

- Operano in settori ad alto potenziale di crescita, spesso individuati nella *New Economy*;
- Hanno fatturati incerti;

- Hanno un'alta volatilità;
- Puntano sulle plusvalenze del titolo.

2.e. Approccio *top- down* e *bottom-up*

La gestione attiva del portafoglio può avere vari approcci, che rappresentano il "peso" che viene assegnato nel portafoglio ai vari Paesi in cui si decide di investire.

L'approccio *top-down*:

- Si basa sull'importanza del Paese in cui si decide di investire;
- Crea un mix tra mercati ed aree geografiche;
- Considera la situazione macroeconomica (Pil, prezzi al consumo, costo del lavoro, etc.);
- Sceglie di investire in un determinato Paese in base alle aspettative di crescita dell'economia;
- Sempre basandosi sulla situazione economica, si sceglie il settore in cui investire e si identificano i titoli che hanno il maggiore potenziale di crescita.

L'approccio *bottom-up*, invece:

- Identifica i migliori titoli a livello Nazionale e Internazionale, indipendentemente dalla situazione economica e politica;
- I migliori titoli vengono inseriti in portafoglio senza considerare il Paese emittente.

Questo tipo di scelta di gestione può essere più rischiosa rispetto all'approccio *top-down*.

2.f. *Buy & hold, Constant mix, Constant proportion.*

Nella gestione passiva, si distinguono tre diversi approcci: *Buy & hold, Constant mix, Constant proportion.*

1. *Buy & hold*:

- E' una strategia di investimento passiva e statica;
- Il portafoglio creato non viene modificato;
- Fondamentalmente il portafoglio non è "gestito", ma le variazioni effettuate dipendono solo dal mercato di riferimento, azionario o obbligazionario;
- Se si scelgono strumenti privi di rischio, il valore del capitale non diminuisce;
- I guadagni potenziali sono illimitati.

2. *Constant mix:*

- E' una strategia di investimento passiva e dinamica;
- Viene mantenuta fissa nel tempo la percentuale del capitale investita in un "mix" di attività in cui si può operare;
- Impone dei ribilanciamenti del capitale in controtendenza con il mercato, perciò si aumenta il peso delle attività rischiose in fase di ribassi e, viceversa, si aumenta il peso delle attività prudenti in momenti di rialzo;
- Le perdite possono rappresentare l'intero capitale;
- I guadagni sono illimitati.

Al variare dei valori di mercato dei titoli in portafoglio, si modifica periodicamente anche il ribilanciamento delle percentuali dell'*asset allocation.*

La strategia *constant mix* permette di riportare il portafoglio ai valori iniziali, rimanendo in linea con il profilo di rischio stabilito. In mercati volatili senza trend è la migliore strategia da seguire, perché sfrutta le inversioni di tendenza del mercato.

3. *Constant proportion:*

- Mantiene il controvalore del portafoglio spostando gli investimenti tra *asset* rischiosi e non rischiosi;

- Si basa su un algoritmo matematico e non dipende dall'attività del gestore;

- Prevede un continuo bilanciamento del portafoglio tra un paniere di titoli obbligazionari e uno di titoli azionari;

- Quando i mercati salgono (toro) aumenta il paniere azionario;

- Quando i mercati scendono (orso), aumenta il paniere obbligazionario;

- Per limitare il costo delle transazioni, il ribilanciamento è effettuato in seguito a importanti variazioni di mercato, accettando un rischio di perdite limitato;

- Si fissano dei parametri di soglia entro quali limitare le perdite (*stop loss* o *floor*), mentre non ci sono limiti ai guadagni;

- Più aumenta il valore del portafoglio investito, maggiore è la percentuale di capitale che si può "rischiare" nel paniere azionario.

Quali sono i vantaggi della strategia *constant proportion*?

E' una strategia che offre buoni risultati in mercati che si muovono con trend di lungo periodo, mentre "soffre" le fasi di mercato altalenante, perché i costi delle transazioni per ribilanciare i panieri possono essere elevati.

Offre più vantaggi rispetto alla *buy & hold* nelle fasi di ribasso dei mercati perché scarica rapidamente la componente azionaria, ed è più vantaggiosa rispetto alla *constant mix* nella fasi di rialzo perché invece scarica la percentuale di componente obbligazionaria.

2.g. *Asset allocation* strategica, tattica e operativa.

La costruzione di un portafoglio di investimenti deve rispettare il rapporto rischio/rendimento in un determinato orizzonte temporale.

E' strettamente legata alle informazioni finanziarie disponibili per la scelta dei titoli e per la definizione del peso loro assegnato nel paniere globale.

Richiede da parte del gestore/consulente (o del cliente che si occupa direttamente dei suoi investimenti) una buona capacità di analisi della situazione economico-finanziaria e di previsione dell'andamento dei mercati in cui intende investire, fattori che possono incidere e modificare il prezzo e il rendimento delle attività.

L'*asset allocation* si divide in tre fasi: *strategica, tattica e operativa.*

- *Asset allocation strategica*: è caratterizzata da scelte di investimento di medio/lungo termine. Ricerca un rendimento in linea con il rischio che si è disposti ad accettare nel breve e nel lungo periodo;

- *Asset allocation tattica*: rappresenta la revisione periodica della composizione del portafoglio. Attuando delle modifiche tra le classi di attività, si ricercano movimenti di breve e medio periodo nei mercati;

- *Asset allocation operativa*: rappresenta la fase di costruzione del portafoglio con i titoli che si hanno disposizione, siano essi titoli mobiliari "diretti" (es. titoli quotati) oppure titoli mobiliari "indiretti" (es. fondi comuni di investimento).

CAPITOLO 3.
IL BENCHMARK

Il *benchmark* è un indice, e viene utilizzato come parametro oggettivo di riferimento per confrontare le performance di portafoglio rispetto all'andamento del mercato.

L'obiettivo del *benchmark* è offrire uno strumento per valutare il rischio del mercato di riferimento in cui investe il portafoglio, e confrontare i risultati ottenuti dalla gestione effettuata.

Vengono creati portafogli di *asset allocation* che rispecchiano determinati orizzonti temporali, vincoli di investimento e tipologia di rischio.

Le caratteristiche di questi panieri "campioni" o "guida" vengono stabilite "Ex ante".

Ogni *benchmark* deve essere:

- *Trasparente*: la struttura del *benchmark* deve essere chiara al gestore/consulente/ investitore;
- *Replicabile*: l'indice deve potere essere ricreato con strumenti finanziari/titoli presenti sul mercato;
- *Hedgeabile*: si consiglia di scegliere un indice che sia anche un sottostante di contratti derivati, in modo da potere

effettuare velocemente operazioni di copertura dei portafogli, riducendo le spese per le transazioni.

Viene utilizzato per i fondi comuni di investimento, in quanto il Testo Unico delle disposizioni in materia di intermediazione finanziaria impone ai gestori di segnalare il *benchmark* di riferimento per ogni tipologia di fondo. L'andamento del fondo rispetto al suo *benchmark* di riferimento deve essere comunicato all'investitore con cadenza almeno semestrale.

In questo modo il *benchmark* diventa uno strumento trasparente per valutare il rendimento di fondi similari.

Come *benchmark* di riferimento, ogni gestore può scegliere un mix di indici di mercato azionari e obbligazionari (es. un fondo bilanciato potrà avere come *benchmark* per il 50% un indice azionario - il MSCI world - e per il rimanente 50% un indice obbligazionario - il JP Morgan global -; un fondo di liquidità potrà utilizzare il JP Morgan euro Cash a 3 mesi; un fondo azionario utilizzerà un indice del mercato azionario, etc.).

Il gestore del fondo di investimento potrà:

- Replicare il *benchmark* di riferimento, assumendo un rischio uguale a quello dell'indice;

- Cercare di battere il *benchmark*, assumendosi maggior rischio rispetto all'indice.

CAPITOLO 4.
IL *RATING*.

Il *rating* può riferirsi a società che emettono titoli e ai Paesi emittenti titoli di Stato.

E' un giudizio espresso da agenzie specializzate (ad es. Moody's o Standard & Poor's), esterne ed indipendenti, sulla capacità dell'azienda di pagare i propri debiti.

Il "voto" viene espresso con una scala alfabetica.

La Tripla A, "AAA", indica il massimo grado di solvibilità di un'azienda, mentre C o D (in base all'agenzia che esprime il parere), rappresentano l'insolvenza.

Si può avere l'aggiunta di + e di - per definire i valori intermedi, positivi o negativi, tra una lettera e l'altra.

"BBB" rappresenta il livello di soglia di sicurezza per un investimento, definito *"Investment grade"*. Sotto questo valore l'investimento è considerato speculativo, quindi con un alto grado di rischio.

Per esprimere il *rating* si valuta:

- La solvibilità dell'azienda;

- La capacità di creare risorse per potere pagare i creditori (i clienti che sottoscrivono delle obbligazioni diventano creditori nei confronti della società o Paese emittente).

Questo giudizio è sottoposto a revisioni periodiche.

Gli analisti delle società di *rating*, per potere esprimere il loro voto, verificano diversi parametri.

Ci sono controlli quantitativi, come:
- Il bilancio della società esaminata;
- La capacità di produrre reddito;
- L'indebitamento;

e controlli qualitativi, che analizzano:

- Il management;
- I progetti dell'azienda e la loro fattibilità.

Viene inoltre analizzato il mercato di riferimento e si confrontano aziende simili per verificarne l'affidabilità.

CAPITOLO 5.
I PARAMETRI FONDAMENTALI.

Nella pianificazione finanziaria, per proporre una corretta *asset allocation*, il consulente deve sempre capire e rispettare le esigenze di investimento del cliente.

Può aiutarsi tenendo conto di alcuni parametri fondamentali:

- Orizzonte temporale;
- Propensione al rischio;
- Obiettivi di investimento;
- Situazione finanziaria globale.

5.a. L'orizzonte temporale

L'orizzonte temporale è un concetto fondamentale nella pianificazione finanziaria.

La diversificazione temporale modifica la distribuzione dei rendimenti medi di un portafoglio di investimenti in funzione dell'orizzonte temporale definito.

Ogni tipologia di investimento è caratterizzata da:

- Rendimento medio atteso in base all'orizzonte temporale fissato;
- Variabili dell'investimento durante il periodo.

Può succedere, con il variare dei mercati, che il portafoglio investito abbia un rendimento non in linea con le aspettative del cliente, che si ritiene perciò insoddisfatto del lavoro del consulente. Spesso, però, non è l'investimento ad essere sbagliato ma l'orizzonte temporale fissato.

Considerati due diversi investimenti, un Btp e un fondo azionario, con lo stesso orizzonte temporale, ad esempio 10 anni, i due titoli avranno dei rendimenti attesi e dei comportamenti finanziari, durante il periodo di investimento, totalmente differenti.

5.b. La propensione al rischio.

Come già accennato nel paragrafo riferito al concetto di rischio, è fondamentale che un consulente comprenda realmente il grado di propensione al rischio del cliente, in modo da evitare il più possibile situazioni in cui i rendimenti attesi dell'investitore non vengono soddisfatti dal piano di investimenti attuato.

Ogni persona è caratterizzata da una diverso livello di "tolleranza" alla possibilità che il valore del suo portafoglio abbia delle variazioni, a volte anche importanti, nel corso del tempo.

Spesse volte gli investitori che si affidano ad un consulente finanziario non hanno delle conoscenze approfondite degli strumenti finanziari o, addirittura, hanno delle idee non corrette sulla tipologia di prodotti e sul loro "comportamento finanziario" in un determinato periodo di tempo.

Consideriamo, ad esempio, le obbligazioni, che vengono spesso ritenute dai clienti titoli poco rischiosi, e prendiamo in esame il caso dei Bond Argentini.

Nel ricercare rendimenti superiori a quelli dei titoli di Stato Italiani, molte banche hanno suggerito ai clienti di investire nei Bond Argentini, che avevano cedole molto più elevate.

Non tutti gli operatori, però, hanno spiegato ai clienti che il rendimento maggiore era dato dall'alto rischio Paese emittente, cioè dal basso *rating* attribuito all'Argentina.

Un investitore abituato ad acquistare obbligazioni, ma poco informato del rischio emittente, e con poche competenze in materia finanziaria, avrebbe potuto sottovalutare le conseguenze di una simile scelta.

Inizialmente l'Argentina ha rimborsato il prestito, pagando regolarmente le cedole. Ad un certo punto, però, si è parlato di *default* e i titoli hanno iniziato a perdere valore in maniera rapida.

Cosa è successo al capitale investito dai clienti?

1. Gli investitori che sono stati ben consigliati dai propri consulenti finanziari hanno subito venduto i titoli, compensando la perdita del valore nominale delle obbligazioni con le alte cedole che avevano incassato.

   In questo caso, il rischio del titolo è stato "annullato" dalla corretta tempistica di vendita, e il grado di propensione al rischio del cliente è stato rispettato.

2. Gli investitori non hanno venduto i titoli e hanno perso quasi tutto, o addirittura tutto, il capitale investito. In questo caso, anche un titolo obbligazionario si è rivelato uno strumento finanziario ad altro grado di rischio.

   Ma perché non hanno disinvestito?

   - Le banche hanno dissuaso i clienti dal vendere, perché poi si sarebbero ritrovate i titoli in portafoglio con l'impossibilità di scambiarli su un mercato in cui le obbligazioni non avevano più valore;

   - Il rischio *default* è stato sottovalutato dai clienti stessi;

   - I titoli hanno continuato a perdere valore e, non essendoci più domanda di acquisto sul mercato (non erano più liquidi), non è stato possibile vendere.

5.c. Gli obiettivi di investimento

Nella fase dell'intervista finanziaria, il consulente, ponendo le giuste domande, ha definito insieme al cliente quali sono i suoi obiettivi finanziari.

Durante la pianificazione dell'*asset allocation* del portafoglio deve individuare gli strumenti corretti al raggiungimento di tali obiettivi.

Si possono identificare tre obiettivi di investimento:

1. La crescita del capitale;
2. La necessità di una rendita periodica;
3. La protezione del capitale.

Non è semplice raggiungere contemporaneamente i tre obiettivi.

Per questo motivo si lavora seguendo il principio di diversificazione dell'*asset allocation*, suddividendo il capitale in tipologie di investimenti e percentuali distinte per obiettivi.

La diversificazione, infatti, aiuta a raggiungere gli obiettivi di investimento.

Come si possono "suddividere" i titoli e gli strumenti offerti dal mercato per i vari obiettivi?

- Bot, fondi di investimento monetari e obbligazioni a breve termine, sono titoli che offrono un reddito annuale certo e una buona protezione del capitale, ma sono caratterizzati da una bassa crescita del capitale nel tempo;

- Le obbligazioni e i fondi obbligazionari o bilanciati a media scadenza, essendo strumenti con un orizzonte temporale di investimento di medio periodo, sono caratterizzati da rendimenti superiori, ma offrono una minore protezione del capitale;

- Le azioni emesse da società solide, o i fondi azionari che hanno questa tipologia di titoli in paniere, propongono rendimenti più elevati ma meno sicuri (i dividendi potrebbero non essere certi) e un forte potenziale di crescita, senza proteggere il capitale perché il prezzo delle azioni può variare in seguito a diversi fattori, non sempre identificabili in anticipo (variazioni negative del mercato di riferimento, crisi nel settore in cui opera l'azienda, cambio del management, etc.);

- Le azioni emesse da società emergenti, i fondi che operano in questi mercati e le operazioni come i derivati e le opzioni (definiti titoli aggressivi o speculativi), offrono poca sicurezza di incassare i dividendi, enorme possibilità di crescita accompagnata, però, anche da un forte rischio di perdita dell'intero capitale.

5.d. La situazione finanziaria globale

Prima di procedere alla suddivisione del capitale in *asset classes*, è fondamentale valutare la situazione finanziaria globale del cliente.

Proprio per potere svolgere un buon lavoro, il consulente sottopone il cliente all'indagine finanziaria, in cui raccoglie i dati necessari per potere strutturare una proposta in linea con il profilo rilevato.

Per situazione finanziaria di una persona si intende la somma di:

- Emolumenti;
- Pensione;
- Reddito da investimenti finanziari ed immobiliari;
- Capacità di risparmio mensile;
- Capitale liquido disponibile;
- Capitale investito (anche presso altri istituti di credito);
- Impegni finanziari in essere (mutui, finanziamenti, prestiti personali, rette di scuole, alimenti a ex coniugi, etc.);
- Prossimi obiettivi di spesa (acquisto di un'auto o di un immobile, università dei figli, etc.);
- Nucleo famigliare (a parità di stipendio, un piano di investimenti per un single sarà diverso rispetto a quello per

un uomo con famiglia ma senza figli, e ancora diverso da quello per un padre di famiglia con figli piccoli o con figli grandi, con la moglie a carico o economicamente indipendente, perché gli obiettivi e la capacità di risparmio saranno totalmente differenti).

CAPITOLO 6
LA SUDDIVISIONE DEL PORTAFOGLIO

Il consulente è arrivato al delicato momento di "costruire" il piano finanziario corretto per il suo cliente.

Dopo avere valutato i parametri fondamentali per la suddivisione del capitale (l'orizzonte temporale, la propensione al rischio, gli obiettivi di investimento e la situazione finanziaria globale), deve definire le percentuali da destinare alle cinque aree che contraddistinguono l'*asset allocation:*

1. Liquidità;
2. Riserva;
3. Previdenza;
4. Investimento;
5. Extra rendimento.

- *Liquidità*: si intende il capitale necessario a coprire le esigenze quotidiane, normalmente depositato sul conto corrente;
- *Riserva*: si intende la parte che può essere investita per un breve periodo (non oltre i 12 mesi) per proteggere il capitale

dall'inflazione, necessaria a fronteggiare eventuali imprevisti, che può essere disinvestita in tempo breve;

- *Previdenza*: si intende il capitale destinato a creare e proteggere il futuro economico del cliente (es. polizze e fondi pensione), e rientra negli investimenti di medio/lungo periodo;

- *Investimento*: si intende la parte di capitale destinata a investimenti di medio/lungo periodo (es. obbligazioni a media scadenza, azioni, fondi bilanciati o azionari), con un orizzonte temporale di 5/7 anni, e che non deve essere utilizzata per affrontare imprevisti, perché potrebbe essere disinvestita in un momento non favorevole alla monetizzazione, o avere tempi di disinvestimento lunghi (es. le gestioni patrimoniali). L'orizzonte temporale di questa fascia potrebbe allungarsi anche fino a 10 anni, nel caso di particolari crisi economiche o eventi straordinari, come guerre e attentati (es. attentato alle Torri Gemelle dell'11 settembre 2001);

- *Extra rendimento*: si intende una piccola percentuale del capitale che può essere destinata a investimenti speculativi, e di cui il cliente è disposto a sopportare anche un' eventuale intera perdita.

CONCLUSIONI

In questo elaborato ho cercato di spiegare come un consulente può migliorare la propria professionalità e il proprio modo di rapportarsi con la clientela, aumentare il proprio volume di affari e cercare di rispondere in maniera corretta alle richieste dei clienti, che sono sempre più informati ed esigenti, lavorando su due aspetti fondamentali:

1. Il suo modo di rapportarsi e di comunicare con il cliente;
2. Una buona pianificazione finanziaria.

La crisi dei mercati di questi ultimi anni e Internet, strumento a volte pericoloso in cui i clienti possono informarsi e addirittura sostituirsi agli operatori finanziari, hanno spinto le banche a puntare sulla professionalità tecnica e commerciale dei propri dipendenti/consulenti.

Ora il consulente deve creare una "relazione" con il cliente, chiamarlo periodicamente per verificare la situazione patrimoniale e familiare, proponendo strategie e modifiche di *asset allocation* in base alla situazione economica e personale del cliente. Questo serve per mantenere monitorato il patrimonio finanziario e anche l'attività del cliente che, durante i mesi, potrebbe avere modificato la propria situazione patrimoniale e le proprie necessità finanziarie.

L'obiettivo finale di una buona consulenza è la fidelizzazione del cliente, e può essere raggiunto con una corretta pianificazione finanziaria.

Ciò permetterà di:

- Affrontare anche i periodi di "turbolenze" sui mercati, che avvengono ciclicamente e che richiedono maggiori incontri con il cliente, che può avere bisogni di chiarimenti e di essere tranquillizzato;
- Sviluppare un portafoglio gestito sempre più ampio;
- Impedire alla concorrenza di "attaccare" la nostra clientela.

Ogni crisi di mercato può essere trasformata in un'opportunità di investimento e di guadagno, e un cliente ben seguito sarà per il consulente la sua migliore fonte di pubblicità.

BIBLIOGRAFIA

Vendere in banca

(Roberto Romiti-Franco Mercatelli-Alessandro Gioli)

Analisi finanziaria e gestione del portafoglio

(Ruggero Bertelli- Eugenio Linguanti).

Titolo | Il consulente finanziario perfetto!
Autrice | Federica Sala
Immagine di copertina a cura dell'autrice
ISBN | 978-88-91181-21-3

Youcanprint Self-Publishing
Via Roma, 73 - 73039 Tricase (LE) - Italy
www.youcanprint.it
info@youcanprint.it
Facebook: facebook.com/youcanprint.it
Twitter: twitter.com/youcanprintit